L'ÉPICIER

Histoire Fantastique

PUBLIÉE PAR

M. LEPEINTRE-DESROCHES,

ANCIEN ÉDITEUR DES POÈTES FRANÇAIS, DE LA BIBLIOTHÈQUE
DRAMATIQUE, AUTEUR DE QUATRE MOIS DANS
LES PAYS-BAS, ETC.

✦

Tome Troisième.

✦

PARIS.

LECOINTE ET POUGIN, LIBRAIRES,
QUAI DES AUGUSTINS.

VIMONT, LIBRAIRE-ÉDITEUR,
GALERIE VÉRO-DODAT, N. I.

1833

L'ÉPICIER.

1863

IMPRIMERIE DE A. BARBIER,
RUE DES MARAIS S.-G., N. 17.

L'ÉPICIER

Histoire fantastique,

PUBLIÉE

PAR M. LEPEINTRE-DESROCHES,

ANCIEN ÉDITEUR DES POÈTES FRANÇAIS, DE LA BIBLIOTHÈQUE DRAMATIQUE
AUTEUR DE QUATRE MOIS DANS LES PAYS-BAS, etc.

*

TOME TROISIÈME.

*

PARIS.

LEPOINTE ET POUGIN, LIBRAIRES,
QUAI DES AUGUSTINS.
VIMONT, LIBRAIRE-ÉDITEUR,
GALERIE VÉRO DODAT, N. I.

1833.

XII.

Le jour même où notre épicier avait envoyé Léonard à la baronne, il avait écrit à part lui à celle-ci une lettre confidentielle qu'elle reçut le lendemain aussitôt après avoir envoyé l'incorruptible prévôt de salle dans le pavillon d'Orange. Elle était ainsi conçue :

« Ma chère associée, je vous ai » adressé un jeune homme qui m'a » rendu un service essentiel, mais » qui, s'il restait à Paris, me le ferait

» payer trop cher, en me coupant
» l'herbe sous le pied dans une af-
» faire intime. J'ai voulu l'empêcher
» de me nuire et en même temps lui
» faire du bien. Or, je n'ai rien vu de
» mieux que de le dépayser. Il faut ab-
» solument qu'il ne revienne plus à Pa-
» ris. Feignez donc quelque affaire
» bien pressante, qui vous oblige à
» l'envoyer fort loin. Je lui ai promis
» que vous lui feriez un traitement
» de cinq ou six mille francs, parce
» que j'ai supposé qu'il pourrait nous
» être utile dans la grande affaire que
» vous mitonnez avec tant d'habileté
» et de persévérance. Il n'est pas ac-
» coutumé, il est vrai, à des entre-
» prises délicates, mais il est d'une
» classe de gens à qui l'argent fait
» tout faire dans l'occasion. Quels

»scrupules pourrait avoir un homme
» du commun qui sort de la Garde
» Royale et qui est peintre d'ensei-
» gnes et prévôt de salle? Ces sortes
» d'individus doivent être propres à
» tout quand il y a quelque chose à
» gagner; çà n'a pas de noblesse d'âme,
» comme nous autres, qui ne nous
» hasardons que dans les affaires d'un
» intérêt du premier ordre, où il faut
» de l'habileté sans scrupules. Vous
» savez assez comme sont les gens du
» peuple; leurs vertus et leurs fa-
» cultés sont à vendre.

» Cependant, si je m'étais trompé
» dans ma conjecture, si ce jeune
» homme avait moins d'esprit que je
» ne l'ai cru et qu'il refusât de vous
» seconder, ou que vous craignissiez
» son indiscrétion, il n'y aurait pas

» à balancer, il faudrait s'en débar-
» rasser. Alors, comme je viens de
» vous le dire, vous l'enverriez bien
» loin, mais où vous savez, et je se-
» rais quitte envers lui, puisque ce
» serait de sa faute.

» Où en est notre affaire princi-
» pale? Aurons-nous bientôt la car-
» gaison que nous attendons ? les
» vents sont-ils favorables? si cela
» n'arrivait pas à bon port, quel dé-
» sastre ! Quelle masse de sucre, de
» cacao, d'indigo serait perdue ! Vous
» en seriez pour votre chanvre et vo-
» tre cordage. Il faut avouer que le
» vieux capitaine de navire est bien
» entêté. J'espère pourtant que vous
» pourrez lui faire entendre raison,
» ou, ma foi, s'il s'obstinait à garder
» le commandement du navire, ce

» qui compromettrait tout, il fau-
» drait que quelque bon matelot le
» tint ferme : cela serait d'autant plus
» aisé qu'il n'a presque plus d'auto-
» rité dans son équipage qui vous est
» tout dévoué.

» Quand vous viendrez nous voir,
» entrez par la petite porte de gau-
» che qui donne sur la rue, ou si c'est
» à la campagne, par celle qui donne
» sur la ruelle. Vous mangerez la
» soupe avec nous; ma femme ne
» vous aime pas beaucoup, mais
» c'est une prévention que je com-
» bats tous les jours. Je suis à la
» veille de vous présenter à mon cou
» sin; du reste il branle lui-même dans
» le manche. Adieu.

» L'Épicier. »

Maintenant revenons pour quelques momens aux deux femmes de la rue de la Perle.

Joséphine et sa mère avaient appris l'aventure qui venait d'arriver à l'épicier. Celle-ci rentrait lorsque le brutal Surgnet, relevé de sa chute, la tête et le buste encore tout ruisselans, s'en allait penaud et confus de l'accident, et cherchant avec son confident Jean-Louis à se soustraire à la curiosité de la foule, quelque grande que fût sa fureur et l'envie qu'il avait de se venger, mais tout abasourdi d'ailleurs de la correction qu'il avait reçue de Léonard. Le voilà parti, peu nous importe ce qu'il est devenu.

La mère Guettaut fut bien surprise de cet événement, lorsque le portier le lui eut raconté; elle ne concevait pas comment l'épicier avait pu être insulté et provoqué dans un quartier où il était aussi inconnu. Elle fut bien plus surprise, et sa fille ne le fut pas moins qu'elle, de ce que Léonard s'était trouvé là, et de ce qu'il était venu au secours du battu.

— Il a donc resté à l'attendre sortir, disaient-elles; mais alors il a dû voir qu'il était le rival dont nous lui avions parlé, et s'il l'a su il est donc bien complaisant d'avoir pris sa défense?

— Eh! maman, répondait Joséphine, il n'a d'amour que pour moi, mais c'est par générosité, car il est un si bon enfant, Léonard! — Ah! çà, c'est ben vrai, il faut qu'il le soit du bon coin pour prendre fait et cause, comme un ami, pour un homme qui t'a, qui te possède au lieu de lui. Eh bien! je l'estime plus que jamais; voilà un bon garçon et un garçon d'esprit; il n'est pas jaloux mal à propos; il n'est pas de ces hommes qui, parce qu'ils ont la parole d'une femme, veulent la gêner et croient qu'elle ne vaut plus rien parce qu'un autre l'a touchée. Que c'est donc bête la jalousie! Et qu'est-ce que ça fait à votre bon ami ou à votre mari qu'un homme vous ait été de quelque chose? C'est tout comme si on avait du dégoût pour des gobelets et des assiettes qui ont servi à d'autres avant vous. —Oh! maman, pour ce qui est de ça, je ne suis pas de votre avis; et si nous étions riches, Léonard et moi, je ne voudrais pas recevoir d'autres hommes que lui : l'amour n'est plus l'amour quand il faut le faire seulement avec deux amoureux. — Ah! Joséphine, avec ton amour, tu n'es pas mal godiche! et je suis ben fâchée de te voir entichée de ces beaux sentimens là; il n'y a rien qui nuit comme ça à une jeune femme, ça l'empêche de faire sa fortune, vois-tu. Les femmes ne doivent point être amoureuses quand elles veulent s'enrichir, ou ben celles-là qui donnent tout à des lurons à colliers de barbe, à des mauvais sujets ou des brétailleurs, finissent par mourir à l'hôpital. —Mon Dieu! que je me dépêche donc d'être riche, afin de pouvoir vivre avec un homme que j'aimerai bien, avec Léonard! vraiment, ça m'enrage et me répugne au fond d'être fréquentée par un quelqu'un qui m'est tant seulement indifférent. — Eh! donne-toi patience, ça viendra à la fin; Paris n'a pas été fait dans un jour, comme dit Voltaire. Pardi! si demain un gros richard se présentait, qui *t'apporterait* ben de l'argent et des bijoux, nous quitterions ben vite M. Lebrun. — Tu crois, maman, il faudrait le quitter pour ça? — Tiens, c'te farce! je le crois ben! si tu trouvais quelqu'un épicier ou chaudronnier qui te *fasse* six cents francs par mois seulement! — Mon Dieu! que c'est donc désagréable de changer souvent comme ça! — Écoute!........ est-ce que tu y tiens tant à cet épicier? il est donc ben aimable dans le tête à tête? —

Oh!•non, non, ben du contraire, je ne l'aime pas du tout, et il ne me fait pas éprouver le moindre agré-ment; il est ennuyeùx ben plus qu'il n'est amoureux, et puis là... il vous traite comme un vieux papa... Mais j'y suis habituée; et avec ça, voulez-vous que je vous dise, maman, je craindrais d'en avoir un autre pus pire. Vous vous ressouvenez ben de ce vieillard qui un soir nous avait donné trente louis, et que pourtant nous avons été obligées de chasser tant il avait des manières affreùses?—Tu as raison; et par bonheur que les louis nous sont restés tout de même; il le méritait ben. Mais, vois-tu, l'argent ne se gagne pas facilement dans le monde, et il faut ben souvent contraindre son humeur et ses goûts pour en avoir. Aussi cet épicier, avec sa blouse et son économie, pourquoi ne te donne-t-il pas plus? nous ne penserions pas à le changer en cas de plus offrant. Je ne sais pas la raison, mais je me suis mis dans la tête qu'il était puissamment riche, mais qu'il fait semblant d'être petit épicier. Ça n'est pas naturel, un épicier qui a une bonne amie en ville, vois-tu.

— Ah! mon Dieu, s'écria tout à coup Joséphine comme elle balayait, voilà un portefeuille sous le lit!

— Bah! voyons donc? répond la mère empressée.

C'était en effet un portefeuille moyen d'un beau maroquin vert à agrafes.

— C'est sans doute mon parrain

qui l'a laissé tomber ici, reprit Joséphine.

— Ah! dit la mère, il faut ben vite voir ce qu'il y a dedans. — Mais maman, c'est peut-être mal de l'ouvrir. — Allons donc! ça ne peut pas lui nuire, d'ailleurs il faut ben voir ce qu'il y a dedans pour le rendre, si par hasard il était à un autre, à Léonard peut-être.

La curiosité domine tout le monde, surtout lorsqu'il s'agit d'un portefeuille, et encore plus une femme du genre ouvrier, qu'une autre femme.

— Jésus! s'écria madame Guettaut, après avoir fouillé le portefeuille, que voilà donc de billets de banque!... comptons-les pour voir.

Et elle se mit à les compter.

—Cinquante mille francs ni plus ni moins, reprit-elle, Dieu de Dieu! quelle somme *inmense* ! Diable ! notre épicier porte de belles images sur lui! qu'il vienne donc dire à présent qu'il n'est pas riche! quelle fortune ça nous ferait si nous avions tout ça, Joséphine! — Ben sûr, maman, c'est justement la même somme que Léonard dit qu'il aura de sa première tante malade. Mais malheureusement ce n'est pas à nous.

— Non pardi! et ben m'en fâche, mais bah! le bien d'autrui n'est pas à nous, ça ne me fait pas d'envie, c'est tout comme si je voyais ces billets de banque dans le bureau d'un négociant ou d'un receveur. Ah! par la morbleu! j'en ai vu ben d'autres dans ma vie. Eh! un jour vlà - t - il pas qu'un herbager qui avait déjeuné avec moi à Caen oublia dans ma chambre son porte-feuille, où il y en avait trois fois plus? Je ne l'ai revu que huit jours après, car il était parti. Eh ben! je le lui ai rendu qu'il n'y manquait pas un iota; il me fit un joli cadeau en récompense, il m'en donna un tout de suite. Oh! ça moi je suis une honnête femme pour ce qui est de l'argent, et je ne voudrais pas faire tort à personne d'*une* cen-time. Je trouverais dans la rue un portefeuille où y aurait un million, que je le rendrais, quand ben même y serait à M. Rotschild qui n'en a pas besoin, ou à M. Laffitte qui en a un million de fois plus, ou à

M. Perrier qui en a ben de trop, ou même au duc d'Orléans qui a 55 millions de rentes. Une femme n'est pas obligée d'être sage, parce que c'est son affaire à elle toute seule, parce qu'elle est ben la maî-- tresse et la propriétaire de son corps et tout ce qui s'en suit ; mais pour ce qui appartient à autrui ? ah ! pour ça *gnia* pas à barguigner. Avoir des amans ça n'est pas défendu ; mais il ne faut pas pour ça garder la bourse de personne ; l'honneur et la probité avant tout.

— Oui, maman, répondit Joséphine, vous avez ben raison, moi j'aurais un remords toute ma vie d'avoir quelque chose qui ne serait pas à moi. Allons ! nous rendrons à mon parrain son portefeuille. Il

viendra, je parie, dès demain le chercher, oh! qu'il sera donc content!

Là - dessus l'honnête Joséphine
sauta de joie, de l'idée de la resti-
tution, comme lorsqu'elle avait
pensé au mariage avec Léonard.

— Mais, reprit la mère, un moment, voici un papier satiné où il
y a une belle écriture à l'anglaise;
j'ai ben envie de le lire. Tiens! un
peu de curiosité, c'est ben permis
à ceux qui vont rendre le bien du
prochain. D'ailleurs, si c'était par·
hasard un billet doux? ça te servi-
rait de renseignement à toi, Joséphine.

La mère Guettaut se mit aussitôt
à lire sans plus de façon. Voici ce
que contenait ce papier, qui était
de soie et doré :

III.

ALBUM D'UN ÉPICIER.

Lorsqu'on sollicite le *sage* d'accorder quelque chose à une époque un peu éloignée, il doit toujours dire *oui*, même quand il sait qu'il ne l'accordera pas.

—

Un vrai politique ne doit jamais craindre de promettre. Seulement son habileté consiste à reculer tellement l'exécution de ses promesses, qu'il lui arrive à la fin quelqu'événement ou quelque facilité qui l'en dispense.

—

La générosité en paroles est plus qu'on ne pense; il y a toujours du profit à leurrer; on finit par ne rien donner, mais on a fait long-temps une impression avantageuse, et cela suffit souvent pour réussir.

—

N'hésitez jamais à faire une concession, même par écrit, et faites sonner bien haut le mot de *vérité*; ensuite faites naître des circonstances qui paraissent vous empêcher de tenir vos engagemens, et vogue la galère!

—

Quand on est condamné à donner, il faut hacher si menu ce qu'on donne, argent ou marchandise, que l'on ait l'air d'avoir donné souvent et à beaucoup de monde.

—

Criez toujours misère et feignez d'emprunter de l'argent, quand même votre caisse serait à pleins bords. Excellent moyen de repousser les solliciteurs qui demandent, et de diminuer le salaire des gens qu'il faut payer.

—

L'avarice est la plus belle qualité de l'humanité et la plus belle vertu du sage; mais il faut savoir l'exercer, et ne pas la mettre gauchement dans tout. L'avare mal habillé, mal nourri, mal peigné, mal logé est un sot. L'homme qui a du discernement sait faire courageusement toutes les dépenses que son rang et l'usage exigent; mais c'est dans sa manière d'user et de distribuer qu'il sait être avare. Il faut épargner des bouts d'allumettes en secret quand on est forcé de montrer du luxe dans une soirée.

—

L'essentiel est d'être avare sur ce qui regarde autrui plutôt que pour soi-même.

—

L'amour, comme l'amitié entre personnes d'une position élevée, est fondu avec l'utilité. C'est tout comme chez les commerçans.

—

Pour être en sûreté dans une position élevée, il faut avoir une façon d'agir apparente, tenir des discours d'apparat, et ne pas manquer d'af-

fecter l'économie, l'ordre adminis-
tratif et les bonnes mœurs; c'est là
le point essentiel. On fait toujours
assez ce qu'on veut dans le secret,
mais on a une manière de vivre aux
yeux du public, si l'on en a une autre
pour soi. Le *sage* doit toujours avoir
deux vies.

—

Laissez les sots crier contre l'hy-
pocrisie. C'est la première des vertus.
Elle est à notre âme ce que nos
habits sont à notre corps; mais il
faut savoir lui donner la couleur de
la bonhomie.

—

Les seuls hommes bien organisés
dans l'espèce humaine sont ceux dont

toutes les idées, les sensations et les plaisirs sont réglés par le calcul. Celui qui donne à la passion ou à l'entraînement est affecté d'aliénation mentale.

—

Le *sage* marchande tout, car la vie n'est qu'un commerce. Il cherche constamment à boire, manger, et aimer au meilleur marché possible.

—

Vraiment on devrait coter tout ce qui tient à la vie ! les plaisirs comme les marchandises, les jouissances du cœur comme les denrées coloniales, car enfin chaque chose a son prix. Et pourquoi, par exemple, les femmes ne seraient-elles pas assujetties à une mercuriale comme les blés?

—

La bonne civilisation se connaît à l'absence de tout enthousiasme. Les hommes entièrement positifs sont les seuls hommes vraiment civilisés.

—

Je ne vois de bon, dans la condition de roi, que les jouissances des menus détails d'une grande maison. Pour moi, j'abandonnerais volontiers mon royaume aux ministres qui voudraient bien le gouverner en me faisant de gros appointemens pour signer de confiance; je me mettrais dans mon coin là.... avec

ma liste civile, et je réglerais moi-
même avec délices les mémoires
des fournisseurs, du restaurateur et
du ménage.

Le goût le plus noble et le plus
sublime qu'on puisse avoir, c'est le
goût.... du plâtre.

Pourquoi un roi ne ferait-il pas re-
tourner son habit comme un autre
homme?

— Pardi! voilà un drôle d'album
et de drôles d'idées, Joséphine! s'é-
cria la mère Guettaut; il y en a les
trois quarts où je ne connais goutte.
Ma foi! si c'est là la façon de penser
de ton parrain, elle n'est pas le Pé-

rou, oui-dà. Comme il vous défile les choses sans fard, celui-là! Et son sage donc? quel diable de sage! c'est un fier aigrefin, et un fier cancre. Dame! pourtant, c'est qu'on pourrait croire que c'est comme ça que M. Lebrun voit les choses du monde. Alors ce serait un avis au lecteur comme dit ct'autre. Tiens, Joséphine, j'en reviens toujours à ton parrain, c'est un avare, vois-tu ben, un finot qui ne bride pas ses chiens avec des filets de perdrix; on ne m'ôtera pas de la tête qu'il est richissime.

— Mon Dieu! pourquoi ça donc, maman, voulez-vous qu'un épicier soit si riche? — Eh tiens donc! il en est d'anciens à Paris qui ne se feraient pas couper le cou pour 600 mille francs. — Mais alors, ce sont des épiciers droguistes ceux-là. — Eh pardi! savons-nous ce qu'est M. Lebrun? il se dit épicier en détail, mais c'est pour nous dépayser, pourquoi donc porte-t-il des bagues aux doigts si belles? je te parie qu'il en a qui valent plus de mille écus. — Oh! c'est ben possible, et il devrait ben m'en donner une, là quand ça ne serait qu'à cause du portefeuille. — Tu as ben raison, mais qu'il te donne seulement un billet de banque pour la peine, va ce sera toujours ben gentil. — Ce serait ben le moins, maman, mais je vais le câliner tant!... — Il pourrait ben se lâcher, mais je ne voudrais pas en jurer et je ne le croirai que quand nous tiendrons le billet.—Oh! nous

le tiendrons, allez. Mais rendons d'a-
bord le portefeuille. — Ah! pour ça,
c'est sacré, ça va sans dire, Jésus!
nous garder le bien d'autrui! je n'en
dormirais pas de ma vie; j'en répondrais devant Dieu, ah! c'est que
nous avons de la probité, nous.
Avec ça, la religion le défend, et j'ai
la religion, moi, Joséphine. —
Mon Dieu! maman, faites-m'en donc
donner à moi de la religion, je ne
veux pas vivre comme un chien,
voyez-vous, et j'ai entendu des marchandes à la halle dire qu'on ne
prospère pas sans la bénédiction de
Dieu. Savez-vous que vous m'avez
ben mal fait éduquer? C'est tout au
plus si vous m'avez fait apprendre à
écrire, et c'est ben un hasard si je
sais mon pater comme je le sais. J'ai

là quelque chose qui me dit que nous avons en haut un être au-dessus de nous qui veut que nous lui obéissions, et puis je n'aime pas cette idée là de tant de mauvais sujets que tout est fini après nous. Je veux avoir le paradis, maman. — Eh pardi! ne t'ai-je pas envoyée à la messe et fait apprendre ton catéchisme quand tu étais petite? Dame! je ne pouvais pas te faire passer ton temps dans les églises, à moins de vouloir faire de toi une loueuse de chaises ou une marchande de petits cierges allumés. Je n'en ai pas appris plus que toi, vois-tu.... Ah! si fait.... j'allais encore à confesse à dix-huit ans, quoique j'avais déjà connu des hommes. Je le dis même à mon confesseur qui était un bien brave homme, un vicaire de Saint-Jean, à Caen, quand j'eus là.... perdu.... tu m'entends. Ça lui fit jeter un cri que tout le monde l'entendit de la chapelle où nous étions. Dame! c'est que c'est un grand péché aux yeux d'un saint homme que la perte d'une virginité! Il me dit que je serais damnée, il me menaça de l'enfer, il me fit tant de reproches, que j'étais plus morte que vive. A la fin, il se radoucit et se décida à me donner l'absolution, moyennant que je donnai quatre écus de six francs pour les pauvres et l'église, et que je dis pendant quatre jours soixante-quatorze paters et quatre-vingt-sept avés. Ah! que c'était un ben digne homme du reste! Il m'a répété vingt fois qu'il n'y avait pas de péché à vivre avec un homme, quand on n'avait pas de devoirs d'autre part. Mais, pour le bien d'autrui, ma chère fille, me di-sait-y, alte-là ! il ne faut pas seulement en avoir gros comme un pois sur la conscience, ça ne se pardonne pas, on va droit comme un I dans l'enfer pour ça. — Oh ! c'est ben vu et ben pensé, maman. Mon Dieu, que je voudrais donc que mon parrain revienne aujourd'hui rechercher son portefeuille. — Oh ! il reviendra, sois tranquille, il doit avoir assez la puce à l'oreille, mais il n'osera pas aujourd'hui à cause de cette affaire de ce matin. — Mais Léonard, maman, c'est étonnant qu'il ne soit pas revenu, lui. — Dame ! M. Lebrun l'a peut-être emmené avec lui après cette affaire pour l'escorter, ça

serait bon pour lui, ça ferait peut-
être qu'il le prendrait en amitié;
qui sait si un jour il n'en fera pas un
épicier? — Ah! maman, quand Léonard aura hérité, il pourra avoir
mieux que ça. — Mieux que ça, Joséphine! tu ne sais donc pas que ce
sont les premiers de la France aujourd'hui que les épiciers, ce qui
fait que le *Constitutionnel* disait
comme ça qu'il faisait plus de cas
d'eux que de tout le monde ensemble. Tu ne sais donc pas que j'ai entendu dire l'autre jour chez un gros
négociant d'huîtres de la rue Mon-
torgueil, que ce pourrait ben être
un épicier qui finirait par monter
sur le trône? que les épiciers sont
les meilleurs citoyens libéraux,
qu'ils veulent la Charte, les lumières

des chandelles et ben d'autre chose.

—Ah! c'est bon! s'écrie Joséphine en dansant, je veux être épicière, puisque c'est ainsi.

Le lendemain, l'épicier tout effaré arrive à six heures chez les deux femmes.

— Mon portefeuille! mon portefeuille! avez-vous trouvé mon portefeuille? s'écrie-t-il en entrant, comme un homme qui accourt annoncer un incendie.

— Éh! mon Dieu! monsieur Lebrun, répond la mère Guettaut en lui remettant ce cher objet, il n'est pas perdu, soyez tranquille. Nous attendons avec impatience votre retour.

—Oui, mon parrain, s'écrie Joséphine joyeuse, c'est moi qui l'ai trouvé sous le lit. Allez, il était aussi en sûreté que chez vous.

— Ah! la charmante fille! s'écriat-il encore plus joyeux qu'elle, que de remerciemens! que je vous ai d'obligations! Il faut que je vous embrasse d'abord deux fois. Ensuite, tenez, voici un petit bijou que je vous prie de porter pour l'amour de moi. Cela vaut aussi un petit cadeau pour la maman. Demain je vous enverrai deux livres de pruneaux et un grand bocal de cornichons, plus un superbe fromage vert de brebis de Hollande que Hoker..... je veux dire mon correspondant d'Amsterdam vient de m'envoyer... Mais je me sauve, je suis extrêmement pressé, mon commis m'attend dans la rue; je vous reverrai ces jours-ci, il faut que je coure à une assemblée de capitalistes. Vous êtes les deux femmes les plus honnêtes, les plus délicates, les plus probes, les plus... Adieu, adieu !

Et l'épicier s'esquiva avec son portefeuille, l'air triomphant, comme s'il eût enlevé la toison d'or, mais serrant les épaules et pliant les genoux, comme s'il revenait de faire quelque mauvais coup.

— Mon ami, dit-il à Godáll qui, en l'attendant, contemplait de vieilles gravures grivoises au coin de la rue, je l'ai retrouvé, je l'ai retrouvé.

—Eh bien ! répond le confident qui cherchait à force de courtisannerie à donner à son grand visage une dilatation de gracieuseté adulatrice, ne vous l'avais-je pas bien dit, mon patron, lorsque vous m'aviez raconté cette aventure et que vous m'aviez dépeint ces deux femmes ? Allez, la probité se trouve plutôt chez des gens communs, comme ceux-là, que chez les gens instruits qui n'ont pas le sou. Je dis plus, pas un des messieurs et des dames qui viennent chez vous ne vous l'aurait rendu. Ils connaissent trop bien la maxime de Bazile. — Ma foi, mon ami, je ne l'aurais pas cru, et je regarde cela comme un prodige, et on ne peut se lasser de répéter ce mot célèbre : Où la probité va-t-elle se nicher ? — Se nicher, se nicher ! mon cher patron, mais songez donc que vous la trouverez plutôt à la halle qu'à la cour. N'y a-t-il donc de privilége de vertu que pour les beaux habits ? — En vérité, Godâll , je commence à croire que tu as de la raison et même de l'esprit , avec ta philantropie et ton désintéressement si souvent rabâchés qui m'avaient fait te prendre quelquefois pour un niais. — Mon patron, c'est que je lis beaucoup, voyez-vous ; je sais tous vos livres par cœur, et je suis plus à même que vous de voir de petites gens de près ; avec cela je profite de la conversation des auteurs que vous recevez quelquefois chez vous pour qu'on dise que vous êtes un Mécène, ou un Médicis ; ce qui est d'une très-bonne politique. — Allons bah ! c'est un phénomène, une anomalie que cette probité là, je n'aurais pas donné cent francs de mon portefeuille, tant j'étais persuadé que mes deux femelles l'auraient gardé. — Vous poussez trop loin la façon de voir en mal, mon patron. — Ah! c'est que je connais les hommes, va... — Tout considéré je crois plutôt que vous êtes un athée en morale.

—Drôle? mais tu me pousses des bottes, je crois... Eh! non, te dis-je, je connais les hommes et le calcul des probabilités, voilà tout. Madame Du Cellery, qui m'a élevé, me l'a toujours dit, oh! pour cela, je lui rends justice, elle a une morale de méfiance comme personne. Elle me l'a dit mille fois : — Mon fils, en fait d'argent, ne te fie ni aux hommes ni aux femmes; crois à leur délicatesse, c'est bon pour le sentiment, mais ne laisse rien tomber sous leur main, et tiens toujours les tiennes dans tes poches. — A présent, mon patron, vous pouvez cependant croire le contraire.

— Eh! non, mon ami, c'est une anomalie, te dis-je. C'est comme si je te disais de croire à la douceur des lions, parce que nouvel Androclès, j'en aurais rencontré un qui ne m'aurait pas mangé. — Ainsi, vous n'en croyez pas moins comme auparavant que l'intérêt est le seul mobile et qu'il n'y a pas de vertu?— Je le crois tout autant. — Eh bien! mon patron, vous me permettrez d'avoir une opinion différente. — Bah ! c'est parce que tu es encore dans les novices ; au surplus, je ne suis pas fâché que tu aies cette opinion là, tu ne chercheras point à me voler. —

Ah ! pouvez-vous avoir de telles idées ? moi, vous voler !

L'épicier, là-dessus, lui tira une oreille amicalement, comme il le faisait quelquefois à ses familiers, à l'instar de Bonaparte, qu'il cherchait à imiter dans les petites choses.

— Là, vraiment, mon garçon, reprit-il, tu n'as pas pensé à faire tes affaires en faisant les miennes ? — Bon Dieu! mon patron, quand j'en aurais eu envie, est-ce que je l'aurais pu? est-ce qu'il y a moyen avec vous, qui êtes au fait de tout, qui vous mêlez de tout, qui vous faites donner tous les jours la situation de votre caisse à cinq centimes près, qui savez où en sont vos comptes ouverts, qui avez dans la tête tous les détails de vos magasins, de vos marchandises, de votre cuisine même ; qui savez, lorsqu'on bâtit pour vous, combien de mortier, combien de pierres, combien de plâtre, combien de tuiles ; qui... — Tu as raison, tu as raison ; mais c'est une bonne méthode, vois-tu ; en s'assurant de tout et contrôlant les gens que j'emploie, je n'ai pas besoin d'exiger d'eux de la probité. Il vaut mieux mettre les gens dans l'impossibilité de nous tromper, que de se plaindre quand ils le font. Je ne donne rien à la confiance, moi, vois-tu, à moins que je n'entende rien à une chose ; mais, en ce cas, j'aime mieux ne pas faire d'affaires que d'en faire une que je ne connais pas ; ou bien j'ai une ressource, c'est de disputer sur les prix ; je donne le moins

III.   4

possible, et j'exige le plus que je peux, voilà ma maxime. — En vérité, mon patron, je m'instruis à votre école. — Va, Godâll, je te formerai, et dans dix ans tu seras absolument comme moi; tu me ressembles déjà un peu pour la figure, et tu es même mieux. — Oh! je doute, mon patron, que j'aie jamais votre aplomb, votre prudence, votre fermeté, votre économie, votre attention pour les petites choses. — Ah! oui, te voilà à présent avec tes petites choses! Que ne dis-tu, comme beaucoup de gens, que je suis un égoïste, un ladre, un tatillon? — Oh! non, mon patron, que le ciel m'en préserve! vous êtes un homme... parfait... en affaires. — Et heureux aussi, ajoute, car c'est un grand bonheur d'avoir retrouvé ce portefeuille. Je ne savais où je l'avais perdu, car j'avais été dans tant d'endroits! j'en suis, ma foi, quitte à bon marché. Je ferai un cadeau qui vaudra peut-être une trentaine de francs, plus, une bague que je viens de donner, qui en vaut à peu près quinze. — Quoi! vous portez des bagues d'un prix aussi minime? — Certainement, quelquefois pour donner dans les occasions éventuelles; j'en ai toujours dans mon gousset une demi-douzaine de pareilles. Je peux me trouver dans une bagarre, dans une émeute; je peux trouver une jolie fille, ah! ah! ah! je peux..... enfin, j'ai là, au besoin, un cadeau tout prêt et pas cher. — Mais quand vos deux femmes vont voir ce que c'est, elles ne seront pas contentes. — Bah! des marchandes d'huîtres! c'est assez bon pour elles. — Ah! je le vois, leur probité ne fera pas leur fortune. —Eh! ganache que tu es, ce serait folie d'enrichir le désintéressement, non plus que ceux qui sont disposés à rendre ce qu'ils ont trouvé; ils n'ont besoin que d'un peu d'encouragement. La joie ni la reconnaissance ne me rendent jamais prodigue, moi, Godâll; je me possède au fort de la générosité et de la munificence; quand je suis généreux, ce n'est qu'avec calcul, et d'ailleurs j'ai la ressource des félicitations qui ne me met point en dépense et produit un effet suffisant, outre l'avantage de ménager ma bourse.

XIII.

Tout en causant ainsi, l'épicier et
Godâll étaient parvenus à une maison de la rue de Lappe. Entré dans
la cour, monsieur Desforêts dit à son
confident Godâll : Je vais te donner ici
une grande marque de confiance, qui
est de t'introduire dans une maison secrète, où je n'ai jamais paru que tout
seul, où l'on discute des intérêts si
grands, que la moindre indiscrétion
pourrait me perdre, ou peut-être
même me faire couper le cou, ce qui,

comme tu le conçois aisément, n'est pas nécessaire pour mon bonheur. —Oh ! mon cher patron ! cela n'augmenterait pas votre fortune, et n'avancerait pas la mienne. — Bien ! mon ami ! voilà répondre comme un homme sensé ; et j'aime mieux que tu me dises cela que de me faire toutes les protestations sentimentalement niaises que les autres hommes font en pareil cas. Tout ce qui est bâsé sur l'intérêt me paraît plus sûr et plus vrai que ce qui l'est sur ce qu'on appelle, je ne sais pourquoi, le cœur. Si quelqu'un des miens, de mes proches, de mes amis, c'est-à-dire des gens qui ont un avantage ou du bénéfice à m'aimer, me voyait en danger, il courrait à mon secours tout de suite, parce qu'il au-

»rait trop à perdre en me perdant. Parlez-moi des affections fondées sur l'intérêt, voilà les plus solides. Va, tout est mieux gardé et mieux défendu par des gens qui ont à gagner à ce que vous viviez, que par ceux qui ne vous doivent que de la reconnaissance, ou qui n'ont pour vous que cette amitié vague qui résulte des conformités degoût et d'opinion. Je ne crois pas plus aux sympathies qu'aux vertus, s'il faut que je te le dise : c'est de l'oripeau que tout cela. Aussi, je me suis arrangé dans cette vie, de manière à ce que tous ceux dont j'ai besoin, dépendent de moi. Mon ami, fais en sorte, quand tu seras maître de maison, que ceux qui t'entourent aient sans cesse quelque chose à attendre de toi : chien, chat,

ami, valet, femme, maîtresse, secrétaire, écuyer; le diable, si possible.
C'est là une des clefs du cœur humain
que je te donne, si toutefois le cœur
humain a une serrure : c'est ma métaphysique, en un mot. — Merci, mon
patron, mais soyez sûr que je me
ferais plutôt couper quelque chose
que d'être cause qu'on vous coupât
le cou, j'ai trop à perdre en vous
perdant, puisqu'il faut s'exprimer
d'après votre métaphysique. — C'est
bien assez que mon père ait perdu le
sien, vois-tu, il n'est pas nécessaire
que le fils finisse de même. Je sais
bien que ma famille ne manquerait
pas de rejeton, mais il est beaucoup
mieux que moi, comme un vieux
chêne, je les abrite d'un large branchage; je ne veux mourir que comme

un arbre séculaire, quand je serai couronné.

— Du reste, mon patron, ce qui doit vous consoler pour votre père, c'est qu'il est mort avec bien de l'aplomb, suivant ce qu'on me racontait il y a quelque temps. — Oui, sans doute; mais il aurait mieux fait d'éviter cela en se conduisant bien quand il vivait; il aurait mieux fait de se modérer dans ses fredaines et de ne pas s'associer avec un tas de roués, de mauvais sujets et d'intrigans qui l'ont perdu; il aurait épargné par là, cinq ou six fois plus de fortune que je n'ai pu en recouvrer, et je serais beaucoup plus riche aujourd'hui; mais c'était une tête si extravagante! Oh! je lui ressemble bien peu, quoique je sois bien de lui, car ma mère était aussi vertueuse qu'il était débauché. Je n'ai de ma vie sacrifié un seul moment mes affaires à mes plaisirs, et mes intérêts à mes passions. Je suis tout calcul; tiens, tâte ma poitrine, elle est remplie de calculs, tâte ma tête, elle est bourrée de calculs, avec sa forme d'ellipse très-alongée. Je suis si heureusement organisé pour cela, que chez moi, l'émotion demande toujours permission au raisonnement avant de s'échapper. Sans doute, je paie tribut à la nature, j'ai des désirs, des appétits, j'en ai peut-être plus que César n'en avait; je n'ai rien de commun avec lui, il est vrai; mais toutefois je lui ressemble en cela que toutes mes sensations sont les esclaves de mes intérêts. Va, tout le corps des épiciers, quoique riche en âmes fortes, en têtes marchandes et en poitrines froides, n'en a pas un qui approche de moi pour savoir se commander; je puis, en imitant le vers de Corneille, dire que je suis maître de moi comme de mon... comme de mes boutiques. Il est quelques épiciers qui se laissent émouvoir, qui nuisent à leur commerce de détail, pour une grisette; mais moi pas: je suis comme un roc en fait de penchans, fidèle à la grande et excellente maxime de madame Du Cellery que j'ai arrangée avec une variante : « Jamais la femme ne m'a fait ni ne me fera faire de folies. » Ma propre femme, d'autres femmes bien plus séduisantes se sont mises à mes genoux, eh bien! elles n'ont jamais pu obtenir l'argent qu'elles me demandaient. L'argent! mon ami Godâll, l'argent! le sage y doit tenir plus qu'à la vie; je réfléchis au moins sept fois, avant de donner une pièce de dix sous, avant même de payer un décroteur; aussi mon médecin qui a bien examiné mon tempérament, m'a dit que j'avais le sang le plus tranquille, les nerfs les moins impressionnables qu'il eût jamais connus. Il prétend même que le diaphragme, ce rendez-vous des émotions n'est chez moi qu'une tunique d'un tissu sec, exempte de tous mouvemens contractiles; il m'a assuré qu'il n'y avait pas en Europe quatre hommes pareils, et il m'appelle une *Idiosyncrasie.*

— C'est un dédommagement que
la nature vous a donné, mon patron,
pour les passions effrénées de feu
monsieur votre père. — Tiens, Godâll, je peux te dire cela à toi, nous
ne sommes que nous deux ici. Eh
bien ! il est mort comme il le méritait, car c'était le plus grand débauché, le plus grand roué, le plus
grand coquin de son siècle. Que
Dieu veuille avoir son âme, s'il en
avait une..., n'en parlons plus. —
Soit, mon patron. Permettez cependant que je vous dise, que beaucoup de fils dont les pères ont été
de grands coquins comme le vôtre,
n'en ont été que plus riches et plus
prospères. — Bah ! tu crois? — Rien
de plus sûr, mon patron, je vous en
citerai cinquante du temps passé, et

cinq cents du temps présent, si fer-
tile en coquins de toute espèce. Vous
savez qu'il n'y a rien de si commun
aujourd'hui, que des fils de grands
coquins, et qu'on ne voit que cela
partout. L'histoire moderne et l'histoire de France en offraient beaucoup
d'exemples, mais l'histoire contem-
poraine en est remplie. Les familles, les salons, fourmillent de fils
et de filles jouissant tranquillement
des fortunes amassées par leurs pères,
au prix de forfaits ou de friponne-
ries; ou s'ils n'en ont point eu de
successions, ils n'en sont pas moins
considérés comme des personnages
très-distingués, comme de grandes
notabilités; on les admire, on les recherche. Tous ceux qui ont épou-
vanté le monde, qui l'ont volé, op-

primé, scandalisé, berné, ont le pri-
vilège de laisser une illustration à
leurs enfans. S''il existait un descen-
dant de Christiern, d'Alexandre VI
et du duc d'Albe, si Ali-Pacha, Fra-
Diavolo et Carrier avaient laissé
des fils, on irait les voir par curiosité, on les accueillerait partout
comme de grands hommes; il se
trouverait des millionnaires pour
leur donner leur fille en mariage;
c'est un héritage comme un autre,
qu'une célébrité, même horrible,
qu'une célébrité de grand coquin.
— Vraiment, Godâll, tu me ravis,
tu as de l'esprit comme un diable.
Que je m'applaudis de t'avoir fait.....
ce que tu es! — Ah mon patron!
que je voudrais bien être aussi fils
de quelqu'un de ces hommes illus-

trés par des crimes, cela serait'une fortune assurée pour moi. — Non, mon ami, tu 'en es bien loin; tu as eu pour père l'homme le plus calme de France, incapable de crimes, comme de passions et d'enthousiasme..... là...... absolument comme moi.

Cette belle conversation venait de finir, lorsqu'ils parvinrent dans une espèce de cave où , ayant descendu , ils arrivèrent à une salle éclairée par une douzaine de quinquets et décorée d'une tenture orange à grande bordure. Ils y trouvèrent douze messieurs qui, par l'âge, la tournure, l'habillement et le physique, n'avaient rien de commun entre eux. Ils parurent à Godäll être des hommes d'élite de différentes professions.

C'étaient douze commissaires nommés par plus de deux cents actionnaires d'une des plus grandes associations de l'Europe.

M. Desforêts fut reçu par eux avec de grandes démonstrations non d'amitié, mais de cette considération qu'on a pour les gens beaucoup plus riches que soi. Ils montrèrent pour lui cette obséquiosité qui ne vient ni du respect pour la grandeur, ou pour le mérite, ou pour la vertu, ni de la supériorité de l'élévation, ni de l'ascendant de la puissance, mais qu'excite généralement la notabilité d'une grande quantité d'écus. C'était une manifestation de soins et d'attentions telle qu'on en marque à un homme très-opulent dont le concours est nécessaire; et qui convient à tout le monde sans être un objet d'admiration ni même d'estime particulière pour personne. Godâll, qui n'était pas bête, vit bien, dans les complimens qui étaient adressés à son patron, que ce n'était ni un maître ni même un chef qu'on voyait en lui, mais seulement un représentant indispensable, qui, par sa position sociale, peut seul être en évidence, et n'a l'avantage de commander à chacun qu'en recevant la loi de tous.

Un très-grand fauteuil était réservé à M. Desforèts, qui s'y plaça. Godâll, qu'il avait en entrant présenté à l'assemblée, était déjà connu de tout le monde, comme ces figures qui se font remarquer au-dessus du portail d'un grand édifice ou à la poupe d'un navire. L'épicier assura à l'assemblée qu'il était un des doigts du milieu de sa main droite, et qu'on pouvait le regarder en beaucoup de choses comme son *alter ego*. Il assura aussi que Godâll avait sa procuration pour toutes les petites choses; qu'il était son Mesrour, son Giaffar, son Richelieu, son Duroc et son Bourienne; qu'il était le secrétaire de sa camarilla d'arrière-boutique, et qu'il serait même reçu à sa place chez une maîtresse s'il l'y envoyait, ce qui fit rire ces messieurs vieux comme jeunes et les mit en bonne humeur.

L'un des commissaires, homme à figure jaune picotée, ayant l'air d'un agioteur et d'un praticien tout à la fois, M. Ducharme prit la parole. C'était le Cicéron de l'assemblée; il avait la langue infatigable, le débit facile et l'érudition surabondante. Il fit un discours qui présentait le tableau de la situation des affaires de l'association, et des résultats que les efforts de ses membres avaient obtenus depuis quinze ans qu'ils suaient sang et eau pour se rendre maîtres d'une immense manufacture dont Lévrissot, cousin de M. Desforêts, était devenu le chef par suite d'un jugement suivi de deux exécutions à main armée, et en qui, malgré qu'il prétendît ne devoir sa possession qu'à un droit légitime, les cinq sixièmes des actionnaires n'avaient voulu reconnaître celui de gérer et d'administrer que pour eux et sous leur tutelle. Ce cousin, depuis les quinze ans qu'il était en pied, n'avait cherché qu'à écarter la grande majorité des actionnaires au profit de la très-petite minorité; et l'on était sûr qu'il méditait de chasser ceux-là tout-à-fait, même de leur faire un mauvais parti. Il avait déjà soudoyé pour cela quelques centaines de cassebras pour leur rompre les os; en un mot, il voulait les dépouiller et les réduire à la condition de simples ouvriers. Ce chef de manufacture était d'ailleurs un trop pauvre génie pour un pareil projet, on le disait même stupide; mais s'il n'avait pas plus d'intelligence qu'un mérinos, il était bien entêté comme mille mulets. Aussi sa tête était comprimée, et il avait l'angle facial coupé plus obtus que celui d'un nègre ou d'un calmouk. Les grands chirurgiens qui l'avaient traité dans ses maladies avaient reconnu que son crâne était de quatre pouces d'épaisseur en tous sens, ce qui devait étonnamment resserrer l'espace où sa pauvre cervelle était obligée de séjourner. Pour sa figure, elle était si bête que celle de l'épicier mise à côté, celuici eût paru un Montesquieu ou un Jean-Jacques en comparaison. Incapable de rien par lui-même, il n'était qu'un instrument entre les mains de la petite fraction d'actionnaires, sur laquelle il appuyait son autorité. Le curé, le vicaire et jusqu'au bedeau de la paroisse du canton où il résidait l'influençaient, et en obtenaient quantité de places et de cadeaux. Il passait des journées à l'église, allait à confesse quatre fois par semaine, et assistait à tous les prônes et à tous les offices comme une vieillefemme, et même servait la messe. Quand il n'était pas à l'église il prenait son fusil, emmenait ses chiens et passait le reste de son temps dans les bois à tirer des pierrots et des hirondelles, quand il avait tué tous les lapins du pays, car il était bon tireur devant le Seigneur.

Il ne faut pas demander s'il se mêlait des affaires de la manufacture; elles étaient abandonnées à un comité de mangeurs, de bigots, de tatillons et de brutaux présidés par un de ses bâtards, qui avait le crâne aussi comprimé et aussi épais que lui, car cette épaisseur osseuse de la tête était propre à tous les membres de cette branche de la famille. C'était aussi une idiosyncrasie.

M. Ducharme prouva à tout le monde, que Lévrissot courait à sa ruine, que sa chute était imminente, que dans six mois il serait renversé. Cependant, disait-il, il fallait encore quelque temps et quelques sacs d'écus pour en venir à bout; mais il fallait tout disposer pour donner un vigoureux coup de collier. Les actionnaires opprimés, ajoutait-il, ont fait les plus grands sacrifices pour avancer le succès de la cause commune, ils se sont exposés à tout, à la perte de leur liberté, de leur fortune et de leur vie, ils se sont on ne peut plus compromis; il n'est plus temps de reculer, la guerre est déclarée depuis quinze ans entre eux et leurs adversaires, et les hostilités qui avaient été suspendues pendant un an, ont été reprises, il y a six mois, comme vous le savez. Chaque jour augmente la haine des deux partis et voit l'orage se grossir. Lévrissot, encouragé par son confesseur et son premier commis, finira par se porter à des extrémités violentes; j'en ai l'assurance, moi qui vous parle, car après m'avoir vu suivre une procession tout près du dais, il a cru pouvoir me trouver accessible à des propositions qu'il m'a fait faire; mais je les ai repoussées avec indignation; vous savez que je ne peux plus séparer ma cause de la vôtre, et que je vous suis attaché jusqu'à....

— Oui, oui, c'est bon ! maître Du-charme, s'écria un goguenard, nous savons bien à quoi tient votre dévouement; c'est qu'on ne vous a pas offert des avantages assez grands de l'autre côté, et que vous gagnez plus avec nous, que vous ne gagneriez avec eux. Suffit, mais d'ailleurs nous ne vous en faisons pas un crime; nous autres, nous n'exigeons pas les consciences, et nous ne comptons que sur l'intérêt personnel. Ce stimulant nous paraît assez fort, c'est convenu....

— M. Boucaud, répondit l'orateur, est un mauvais plaisant, tout le monde le sait. Au surplus, vous savez que par état, je suis tantôt pour et tantôt contre, et vous êtes trop éclairés tous, pour ignorer qu'au degré de civilisation où nous sommes arrivés, on n'exige plus de dévoue-

ment gratis; vous en avez la preuve
par vous-mêmes, vous êtes tous pour
la devise : Point d'argent....

— Point d'avocat! C'est cela, reprit le goguenard.

— Et point de journaliste, repartit l'avocat.

Alors, le goguenard se tut.

— Mais, s'écria un petit homme
maigre, d'une voix flûtée, que faut-
il faire enfin?

— Ah! reprit M. Ducharme, c'est
à ces messieurs de répondre; pour
moi, je ne donnerai mon avis qu'a-
près tout le monde, je n'ai pas coutume de donner l'impulsion.

— C'est, s'écria un autre, de la
prudence comme vous en avez toujours montré; nous ne vous en blâ-
mons point, nous avons besoin de

vos talens et non de votre courage. Quand nous serons vainqueurs, vous nous apprendrez à profiter de la victoire ; si nous sommes vaincus, vous retournerez de l'autre côté, libre à vous.

— Non, messieurs, reprit M. Ducharme, je veux concourir au bien de la chose commune, et s'il faut la sauver, je serai un des sauveurs.

— Ou vous vous sauverez tout seul, reprit la même voix.

— Messieurs, s'écrie M. Ducharme, Cicéron et Démosthènes ne différaient pas de moi à cet égard. Vous le savez.

— Allons, allons, c'est assez, interrompit aigrement un grand homme à figure bilieuse et qui relevait de maladie. C'était un homme d'affaires.

Et ces mots impératifs suffirent pour faire taire M. Ducharme.

Un vieillard respectable prit ensuite la parole, et fit un grand discours où il disait qu'il n'avait pas varié de principes depuis quarante ans, et qu'il avait toujours sacrifié ses intérêts à ses opinions, en quoi il était le vrai phénix du siècle.

— Et aussi n'avez-vous pu réussir à rien, interrompit un grand et gros homme à parole brusque, qui avait été militaire.

— Ce n'est pas ma faute, répondit le vieillard avec une affabilité parfaite, c'est à la fortune qu'il faut s'en prendre. Le désintéressement n'est pas toujours heureux; mais j'aime mieux avoir échoué ou avoir été obligé de rester dans la retraite,

que de m'être tourné à tous vents,
comme plusieurs personnes que je
connais, qui ont servi tous les maîtres de la manufacture depuis quarante ans aux dépens des actionnaires, et qui viennent aujourd'hui
afficher un zèle, un enthousiasme
extraordinaire.

— Oui, sans doute, M. Fayon ne
mérite que des éloges, reprit le même
homme bilieux, qui avait fait taire
M. Ducharme, c'est un homme vénérable, qui n'a jamais failli ni dévié.
Il sera notre point de ralliement au
jour du péril; c'est le drapeau vivant des actionnaires, depuis leur
glorieuse insurrection d'autrefois.

— Certainement, reprit le vieillard, je mourrai pour la liberté.....
de la manufacture; mais vous verrez

qu'on m'abandonnera encore, quand on n'aura plus besoin de moi, comme on a fait jadis; bien heureux si je ne suis point obligé de me cacher ou de m'exiler. Je sais bien qu'il n'y a rien à gagner avec vous autres, et que vous êtes des ingrats comme étaient vos pères; mais le destin en est jeté; je me suis embarqué dans cette cause, et j'y mourrai. Je suis entêté dans le dévouement, comme Pangloss l'était dans son optimisme, quand j'ai une fois adopté un principe, je le suis toute ma vie, quand même.... qu'il soit praticable ou non. J'ai sucé avec le lait, la cause qui nous rassemble ici, je me ferai ensevelir dedans.

—Oh! c'est beau, c'est admirable! c'est merveilleux, s'écrièrent d'une voix unanime tous les assistans.

L'un d'eux lui dit : — Nous comptons entièrement sur vous , papa Fayon, nous ne voulons, nous ne pouvons rien entreprendre sans vous; votre concours est indispensable à notre entreprise, nous serions fort embarrassés si vous veniez à nous manquer, vous êtes notre centre de gravité, enfin.

— Oui, oui, s'écria tout le monde.

— Vous vous trompez, messieurs, répliqua le vieillard ému, le voici votre centre de gravité.

Et il montra M. Desforêts.

— Sans doute, reprit M. Ducharme, il y a long-temps que c'est arrêté et convenu, M. Desforêts doit prendre la place de son cousin..... quand nous l'aurons expulsé ; il

n'y a que lui sur qui nos regards
aient pu s'arrêter; il est celui qui
concilie le plus grand nombre d'intérêts, qui, par sa moralité dans la
vie privée, son amour de l'économie
dans les détails, et son caractère
éminemment positif, calculateur et
commerçant, offre des garanties et
un avenir de bénéfices pour nous.

M. Desforêts prit la parole à son
tour et dit :

— Messieurs, vous savez que je
n'ai consenti que par complaisance
pour vous à me charger de l'obliga-
tion de devenir votre chef. Je ne suis
qu'actionnaire comme vous, et j'ai
une grande fortune que je hasarde,
en voulant vous assurer sous mon
nom la souveraineté de la manufacture. Je vous suis nécessaire, c'est

bien; mais moi je puis vivre sans vous, et il ne tient qu'à moi de rester à jouir de ma fortune avec ma femme et mes enfans, mettant de côté tous les ans les cinq sixièmes de mes revenus et de mes profits, toujours de plus en plus riche, et vivant auprès de mon cousin, qu'il ne tient qu'à moi de soutenir, et qui certes ne me fera point de mal, pourvu que je donne à plein collier dans son système. Si je m'expose à être enveloppé dans votre ruine, messieurs, pour les intérêts de la manufacture, c'est uniquement parce que vous me ferez un gros traitement, et que j'ai l'espoir d'y gagner d'une autre façon. Sans cela, je n'accepterais point l'honneur que vous voulez bien me faire. Ainsi, j'espère que vous ne trouverez point mauvais que je vous tienne ce langage plein de franchise; c'est celui d'un homme qui, comme vous, ne connaît d'autre loi du monde moral, politique et social, que l'intérêt personnel, et qui, de plus, est éminemment mercantile par devoir, par habitude et par caractère, puisqu'il est... épicier.

— C'est en effet bien mercantile et bien commercial ce que vous venez de nous dire là! s'écria un M. Delarche, homme au front sévère, le seul désintéressé de l'assemblée, avec le papa Fayon, et qui passait pour le Caton et l'Aristide des actionnaires, comme celui-ci en était le Washington et le Riégo. Une cause aussi noble, aussi grande que la nôtre, d'où dépend le sort de tant d'individus, la cause de la liberté d'une si belle société, mériterait bien pourtant qu'on s'y dévouât par pur amour de la gloire et de la vertu. L'honneur qui en doit résulter, le suffrage de la postérité.....

— Ah! interrompit l'épicier brusquement, je me soucie fort peu de la gloire; l'honneur viendra quand il pourra : d'ailleurs en manque-t-on quand on paie, comme je fais, ses billets à l'échéance? Pour ce qui est de la vertu, on sait que j'en ai une bonne dose, puisque j'ai dix enfans tous rougeots et de bon appétit, puisque je n'ai pas d'autre lit que celui de ma femme, et que je n'ai pas les vices de feu mon père. A l'égard de la postérité, je ne fais cas que de la mienne, qui pourra être nombreuse un jour comme celle d'Abraham, à qui je ressemble un peu; l'autre je l'abandonne aux auteurs et aux guerriers, car je ne suis ni ne serai jamais ni l'un ni l'autre, Dieu merci! J'ajouterai même que je suis comme le personnage de la comédie, ma devise est : Mieux vaut un jour dans le monde que mille ans dans l'histoire.

—Nous ne vous en demandons pas davantage! s'écria un homme qui avait la physionomie solennelle comme la parole; nous ne vous demandons pas d'être l'Alfred, le Rodrigue, le Gustave Wasa ou le Nassau de notre manufacture; mais enfin, vous avez donné votre parole depuis quelques années, vous avez même fait des actes en notre faveur, vous avez montré une certaine couleur dans votre conduite. Une fois que l'on est entré dans les voies d'un principe, on ne peut plus en sortir sans être brisé ; c'est une loi d'équilibre et de statique morale. Vous avez depuis long-temps contracté une association de fait avec nous par votre adhésion ; par votre participation ; vous ne pouvez plus reculer. Mais il importe que vous renouvelliez ici aujourd'hui l'engagement de ne pas vous séparer de nous et d'abandonner votre cousin Lévrissot, que seul vous pouvez remplacer. Promettez-vous de vous déclarer notre chef dans l'occurrence ?

—Certainement..., répondit M. Desforêts en hésitant, sans doute.... comme je vous l'ai dit, en considération du gros bénéfice dont vous m'avez donné l'assurance. Mais je vous préviens tous que je ne veux pas faire le moindre sacrifice pour ma part, surtout en argent; c'est à condition que, comme par le passé, il ne m'en coûte pas un sou, parce que, voyez-vous, je ne veux rien débourser, rien avancer, rien risquer. De ma vie je n'ai fait que des affaires sûres; et puisque cela vous arrange, et qu'il y a de l'argent à gagner pour moi, je veux bien m'y prêter, mais sans versement de fonds aucun de ma part; en un mot, moyennant que vous fassiez tous les frais.

—Oh! c'est depuis long-temps consenti, interrompt M. Ducharme, ces messieurs ont dépensé immensément d'argent, ils en dépensent, ils vont en dépenser encore plus, et ils ne vous demandent rien.

— En outre, reprit l'épicier, c'est à condition que je ne paraîtrai point, que mon nom ne figurera nulle part que tout ne soit consommé et que vous ne soyez les plus forts; que, s'il arrive quelque chose de fâcheux, je ne m'en mêlerai point; et que, s'il y a un combat ou une collision entre vos gens et ceux de mon cousin, je ne paraîtrai que quand les vôtres seront vainqueurs. Je me tiendrai dans ma maison de campagne, bien tranquille, d'abord je vous en avertis, tout le temps de la bagarre, afin que, si vous venez à être battus par mon cousin, il ne puisse pas dire que j'ai été avec vous.

— Ainsi, lui observa un des actionnaires qui n'avait pas parlé, vous vous trouvez dans une excellente position; vous ne coopérez à rien, vous ne déboursez pas un écu, et vous recueillerez le fruit de tout si nous triomphons. Au contraire, si nous sommes battus, vous vous retrouverez encore sur vos pieds, parce que vos alliances avec votre cousin vous garantissent de toutes poursuites, et vous nous regarderez passer de vos fenêtres quand on nous mènera prisonniers. C'est fort commode !

— Que voulez-vous ! repartit l'épicier, il y a comme cela dans ce monde des hommes qui ont des positions doubles. C'est la position, comme vous savez, qui décide de tout sur la terre, et la personne est peu de chose. Je ne me donne pas pour un fondateur, et je ne suis pas jaloux d'être un restaurateur; je conviens à tel poste pour les intérêts de tels individus, et je consens à l'occuper, pourvu qu'on m'y porte. La place a besoin de moi, et non moi ai-je besoin d'elle?

— Cependant, s'écria l'homme bilieux d'une voix aigrement perçante, vous êtes plus intéressé, au fond, au succès de notre cause que vous voulez bien nous le faire croire. Vous cherchez à nous persuader que la querelle ne vous regarde point, et il semblerait, suivant vous, que, dans cette affaire, vous n'avez qu'à attendre l'issue du combat, vu que vous n'avez rien à craindre du vainqueur, si c'est votre cousin, et que vous le

remplacez, si c'est nous qui le chas-
sons. Vous feignez donc alors de ne
pas vous ressouvenir qu'il y a une
troisième espèce de gens à craindre,
qui sont nos ennemis communs et
qui ne se soucient pas plus de vous
que de votre cousin? vous savez que
vous avez déjà été dépouillés et exi-
lés tous deux ensemble. Eh bien!
cela peut arriver encore. Il est même
probable que cela arriverait, si vous
ne preniez en main vous-même le
timon des affaires de votre cousin
expulsé. Vous savez comme nous
qu'il y a dans le canton une légion
de mauvais sujets et de misérables
qui croient que la manufacture ap-
partenait à leurs ancêtres et qui se
sont mis dans la tête que vous n'êtes
tous deux riches qu'à leurs dépens.

Qui vous dit que ces gaillards-là ne tomberont pas sur vous comme sur nous, après vous avoir aidé à abattre l'autre? ne nous exterminent, ne dévastent la manufacture, ne pillent vos maisons et vos magasins, et ne vous forcent encore à vous enfuir? Alors, où vous auront mené votre inaction et votre neutralité?

—Ah! bah! bah! repartit l'épicier impatienté, chimères que tout cela! ces mauvais sujets là n'oseront plus reparaître; ils sont bien changés depuis quinze ans. — Oh! oui, croyons cela; c'est ainsi que l'égoïsme voit tout en beau. — Si j'ai de l'égoïsme, je vous ressemble; la générosité ne vous incommode pas comme la bile.

—M. Perrot a raison, s'écria certain M. Déconfit, escompteur, l'un

des plus grands ennemis de Lévrissot,
et qui avait fourni à lui seul pour le
faire renverser plus que tous les
autres actionnaires ensemble. Vous
ne risquez, mon cher M. Desforets,
qu'à être ruiné ras-pied, ras-terre
dans la catastrophe, pas davantage.
Ainsi, vous avez bien intérêt à nous
soutenir; et vous devriez, en conscience, contribuer aux dépenses que
nous sommes obligés de faire, sans
compter celles qui auront lieu d'ici
à quelque temps, car je crains bien,
pour ma part, que tout mon saint frus-
quin y passe, et vous savez qu'il est
considérable, quoiqu'il le soit beaucoup moins que le vôtre; c'est le fruit
de trente-huit ans de labeurs à amas-
ser une fortune sou à sou, d'abord,
et avec plus de patience que n'en

ont eu Samuel Bernard, Necker et le père des Rotschild.

— Eh ! répondit l'épicier, qu'est-ce qui vous y a forcé? c'est l'amour-propre, parce que la cotterie de mon cousin vous a fait essuyer des mépris. —Eh bien ! soit, je l'accorde un moment, mais je n'en ai pas moins avancé de beaucoup les affaires de la cause commune. — Du reste, je vous le répète, je ne veux point faire d'avance. — Eh bien ! achetez-moi seulement cette belle partie de sucre de betteraves que j'ai à Arras ; cela me mettra en fonds.—Moi! point, M. Déconfit; c'est une mauvaise spéculation. D'ailleurs, je n'ai point d'argent; il faudrait là un million au moins. — Vous, point d'argent! quel conte ! Ma foi, messieurs! vous voyez que

M. Desforêts y met de la mauvaise volonté.

— Oui; c'est bien vrai, reprit le bilieux Perrot. Monsieur pourrait bien acheter votre sucre de betteraves s'il voulait, sans se gêner, mais il aime mieux prêter à la petite semaine.

— C'est possible, mais cela vaut mieux, répondit l'épicier, que de faire acheter des nègres et de les vendre en contrebande, comme vous faites, après en avoir fait noyer la moitié en chemin.

— Vous en avez menti! répond l'homme d'affaires en tremblant de colère... Mais vous, niez donc que vous n'ayez des actions dans les jeux?

— Ce serait moins honteux, répliqua l'épicier, que de garder pour soi des effets précieux après avoir donné le douzième de leur valeur comme vous avez fait à cette étrangère qui.....

— Vous êtes un lâche calomniateur, hurla tout écumant le bilieux Perrot.

— Et vous un fripon enrichi de tripotages, reprit l'épicier.

A ces mots l'homme d'affaires, ne se possédant plus de fureur, fait un saut des plus brusques et se jette sur M. Desforêts qu'il prend par la tête, sans que celui-ci ait eu le temps de se garantir autrement qu'en lui opposant faiblement les mains.

Godâll se jette au secours de son patron et donne de grandes gourmades à Perrot qui, semblable à un dogue, ne veut pas lâcher prise; il n'y a rien tel que ces hommes bilieux pour tenir ce qu'ils tiennent. Le fils de Perrot, qui était venu pour donner le bras à son père et se trouvait là spectateur comme Godàll, prend aux cheveux celui-ci qui a pris son père de même, et voilà les coups de poings de rouler entre ces quatre champions qui se tiennent ensemble par la tête comme quatre mâtins du combat. Les assistans cherchent à les séparer, mais n'en peuvent venir à bout, empêchés qu'ils sont par les coups de pieds ou ruades que lâchent les combattans à droite et à gauche. Toutefois, M. Desforêts se dégage le premier, moyennant que son toupet est tombé sous les pieds de son adversaire.

Hélas! c'est précisément le beau toupet de Bergami qui se trouve ainsi maltraité. De plus, il se sent trois ou quatre bosses au front et le devant des jambes tout meurtri. Enfin, on vient à bout de séparer Godâll d'avec Perrot père et fils qui l'assommaient. Il ne sort de leurs mains crochues que le visage couvert d'égratignures et les yeux pochés, marques glorieuses de son dévouement pour son noble patron.

— Ah! quelle collision que celle-ci! disait l'épicier; je suis vraiment né pour les collisions.

Quand Desforêts et Perrot furent séparés ils recommencèrent à se dire des injures.

— Vous avez toujours été un lâche, un égoïste et un harpagon, et vous le serez toujours, lui disait Perrot défiguré par les coups.

— Au moins, répondait Desforêts, j'ai été à la guerre, et vous n'avez vu de votre vie une escarmouche.

— Oh ! parbleu vous y avez fait une belle figure ! Vous étiez toujours hors de portée de fusil et même de canon. — J'ai su me relever de l'adversité, moi, après avoir été ruiné et banni ; j'ai été jusqu'à me faire maître d'école comme Denis, et greffier comme Persée ; mais vous, il a fallu que votre père vous laissât de l'argent. Il n'y a pas de mérite à s'enrichir comme cela. — Voyez un peu le beau mérite d'un homme à qui l'on a rendu, comme à vous, les trois quarts de ce qu'avait son père! Qu'on vous tire de votre épicerie et de votre usure sourde, vous n'êtes capable de rien, vous vous casserez le nez à la moindre spéculation.—Je suis économe, moi; je n'entretiens pas des cinq ou six femmes que je change tous les mois, qui me donnent des rhumes financiers à me rendre malade toute l'année.—Ah! parbleu! ce n'est pas là une grande honte, je ne m'en cache pas; mais vous, on ne connaît pas vos habitudes, parce que vous avez les goûts d'un cocher et d'un palefrenier....

La colère se ranimait dans la tête de ces messieurs; ils se faisaient de gros yeux, ce qui donnait déjà à rire à plusieurs de l'assemblée, et ils allaient encore se colleter, sans la médiation de M. Ducharme et d'un petit homme très-mince qui avait un toupet noir tout plat et qui parlait avec une volubilité intarissable.

Godâll, ayant ramassé le toupet de son patron tout piétiné, vint le replacer encore tout ébouriffé sur son chef dépouillé, dont la forme en gourde étonnait ceux des membres qui n'en avaient jamais vu de pareille.

Le petit homme mince, nommé Fillot, monta sur un tabouret pour haranguer l'assemblée, trop détournée de l'objet principal de la délibération. On était toujours bien disposé à l'écouter, quoiqu'il fût verbeux, et il partageait avec Ducharme la faveur des actionnaires. Il promit d'être court, et il y avait une heure que son discours durait qu'il n'était pas encore fini. La seule analyse même serait encore trop longue à rapporter.

Il représenta que la concorde entre les associés composant l'opposition était une condition essentielle de salut pour eux ; que le·succès ne pourrait s'obtenir que par le concours de tous les membres de l'association, quelle que fût leur importance individuelle relative, et qu'il fallait que chacun y mît du sien, car la meilleure cause du monde ne peut réussir toute seule si ses partisans se divisent entre eux. Il prouva ensuite clair comme le jour que le ciel même favorisait leur projet, quoiqu'ils brûlassent bien moins de cierges que leurs adversaires, ce qui étonna tous les auditeurs, pas un d'eux n'ayant une parcelle de religion et ne croyant au ciel.

— Mais, ajouta-t-il, vous connaissez le proverbe : aide-toi, le ciel t'aidera. Les uns ont contribué de leur bourse à soutenir la lutte contre l'entêté Lévrissot et sa stupide coterie, les autres n'ont mis que leur esprit ; je suis de ce nombre, et je crois sans vanité que, comme M. Ducharme, je n'ai pas ménagé les sacrifices sous ce rapport.....

— Non, non, murmura l'assemblée, vous ne les ménagez point. — Mais, messieurs, prenez bien garde à ce que nous ferons si le ciel...

— Ah ! quelle niaiserie ! dites la fortune, le sort, interrompit brusquement le bilieux et querelleur Perrot. — Eh bien ! si la fortune se déclare pour nous dans l'issue de la lutte que nous entretenons depuis tant d'années et qui semble approcher d'un dénouement, n'allons pas renverser tout quand nous aurons défendu tout; n'allons pas ouvrir les écluses aux passions des ouvriers de la manufacture, ni à celles des mauvais sujets du dehors; n'allons pas nous précipiter dans des réorganisations, dans des utopies; n'allons pas ébranler tous les intérèts; n'allons pas alarmer toutes les existences, conservons les agens de Lévrissot tant que nous pourrons, et mettons, au contraire, habilement de côté les agens qui auront combattu pour nous aider à le renverser. Soyons machiavélistes, mes chers collègues; il n'y a que le machiavélisme qui sauve.

Après nous être rendus maîtres de
la chose de Lévrissot, ne la chan-
geons qu'assez pour nous l'appro-
prier, et gardons-nous bien de ré-
former les abus que nous trouverons
dans son administration, abus contre
lesquels nous n'avons crié et nous ne
crions en définitive que parce que
ce n'est pas nous qui en profitons,
mais que nous maintiendrons pour
nous. Exploitons la manufacture à
notre seul profit, messieurs; et comme
les propriétaires voisins pourraient
intervenir par la crainte de l'explosion des machines à vapeur qu'elle
renferme, explosion qui incendierait
leurs propriétés, donnons-nous bien
de garde de les inquiéter, et sup-
plions-les à mains jointes de ne pas
nous chercher noise; renonçons for-

mellement de nouveau en leur faveur, pour cela, aux terrains qu'ils
nous ont pris anciennement, et ne
faisons simplement que nous mettre
aux lieu et place de Lévrissot, de
son bâtard, de son confesseur, de
ses favoris et des douairières, tous
composant la camarilla, qui les con-
seillent, qui les soutiennent et les
encouragent. Rappelez-vous que si
nous voulons mettre à sa place son
cousin à présent, c'est pour avoir,
aux yeux de ces propriétaires, vieilles
ganaches qui tiennent leur héritage
de père en fils depuis les temps de
barbarie, c'est pour avoir, à leurs
yeux, une quasi hérédité. Si les actionnaires de la manufacture continuent à parler de leur liberté, nous
ne leur donnerons qu'une quasi li-

berté ; s'ils veulent un nouvel acte organique, nous changerons quelques mots de peu de valeur à l'ancien pour les satisfaire ; les ouvriers demanderont des améliorations, des augmentations, nous les promettrons toujours, cela ne coûte rien. S'ils demandent à être représentés, nous accorderons l'élection de deux ou trois d'entre eux, que nous saurons bien ensuite gagner, de manière ou d'autre. Notre respectable chef que voici sera le chef visible ; mais c'est nous qui commanderons en réalité, ce qui sera une quasi propriété et un quasi pouvoir pour lui. Jusqu'ici, mes chers collègues, on n'avait pas connu de milieu entre le pouvoir de beaucoup de monde, d'une aristocratie quelconque et celui d'un seul, eh bien ! ce sera le pouvoir d'un petit nombre parlant au nom du grand, et sous l'apparence de l'administration d'un seul. Voilà le juste milieu : c'est le juste milieu, en un mot, que nous adopterons.

—Oui, oui, le juste-milieu ! s'écrièrent les commissaires, par un mouvement quasi électrique et quasi spontané : Vive le juste-milieu !

—Oh! s'écria M. Desforêts, j'ai sucé le juste-milieu avec le lait, depuis le berceau, je l'ai chéri et adopté. Ma gouvernante, l'une des femmes les plus doctes et la plus grande moraliste du siècle, me l'a montré dans ma jeunesse, et m'a recommandé de ne jamais m'en écarter; aussi je recherche toujours minutieusement le juste-milieu dans toutes les affaires ét dans les plaisirs, dans celles du commerce comme dans celles des femmes....

A cette saillie, dite avec gaîté, tout le monde se mit à rire; la bonne humeur, la concorde reparurent plus grandes qu'au commencement, aux égratignures, aux contusions près. L'habile et éloquent Fillot saisit ce moment propice, s'élance au milieu de la salle, et s'écrie d'une voix flûtée, mais énergique :

—Messieurs, rassemblez-vous en cercle autour de moi, j'ai à vous dire des choses qui méritent le plus grand mystère....

Les commissaires, surpris, se rassemblèrent autour du petit homme.

—Mes amis! leur dit-il alors avec une voix caverneuse à la façon d'un conspirateur, tous tant que nous sommes dans cette cave, qui nous trouvons à la tête du complot, tâchons de ne pas trop nous exposer au péril, n'allons pas nous sacrifier sans savoir ce qui nous en reviendra; mais d'abord, tâchons de ne pas nous sacrifier du tout; cependant, s'il le faut absolument, suivons au moins un principe de la plus haute antiquité, parmi les sages, c'est qu'en nous sacrifiant... il ne faut pas nous oublier....

— Bravo! bravo! s'écrièrent tous les commissaires, c'est bien notre intention aussi....

M. Ducharme reprit la parole à son tour et dit :

— Messieurs, soyez certain que je me dévouerai pour vous s'il le faut...

pour vous sauver; c'est le rôle que je me réserve....

— Eh! mon Dieu, interrompit M. Desforêts, nous serons bien obligés de nous sauver tous, si nous ne devenons pas les plus forts.

— Ah! c'est-à-dire, repartit Ducharme, excepté vous, qui, comme vous nous l'avez judicieusement fait observer tout à l'heure, devez rester sain et sauf, même en cas de victoire par votre cousin. Il est nécessaire que vous ne soyez pas compris dans la ruine de ces messieurs, pour pouvoir au moins leur tendre la main en cas de désastre.

— Oui, sans doute, répliqua Desforêts; je leur tendrai la main.

— Oh! dit Perrot, de sa cariole à

cinq cents pas de distance, quand il nous verra conduire en prison.

— Non, non, je connais le cœur de notre honorable chef, s'écria le petit Fillot, il irait avec toute sa famille nous pleurer à sa campagne. Mais, messieurs, que nous importe au surplus! Ne nous séparons pas aujourd'hui sans lui faire promettre qu'élevé par notre victoire aux lieu et place de son cousin, il partagera d'abord la caisse entre nous, ce qui est la moindre chose, qu'ensuite il nous mettra exclusivement tous les douze en possession de l'entière gestion de la manufacture, et qu'il écartera avec un soin marqué le reste des actionnaires. Nous avons la boule en main, mes chers collègues, ne nous en dessaisissons point; qu'il ne soit pas dit que pour la première fois, depuis deux mille ans, on ait vu des mandataires d'une grande société dupes de leurs commettans.

Puis se tournant vers M. Desforêts : Chef de notre convenance ! jurez-vous de partager tous les fonds avec nous et de n'écouter que nous !

— Je le jure, répondit l'épicier sans trop de véhémence; j'en garderai la meilleure part, se dit-il, par une restriction mentale jésuitique.

— Et moi, s'écria le vénérable Fayon, je ne consens point à ce partage. Adieu, je ne reparaîtrai plus qu'au moment du péril, et nous verrons si vous paierez de vos personnes comme moi.

Chaque membre allait partir aussi, car la séance avait duré trois grandes heures, mais M. Ducharme voulut qu'une réconciliation eût lieu auparavant entre le bilieux Perrot et le flegmatique Desforêts. Tout le monde adopta sa proposition, et les deux adversaires qui portaient sur la figure des marques des ongles et des poings l'un de l'autre, se donnèrent pourtant la main, mais avec une froideur diplomatique et un mépris dissimulé. Ensuite, chacun se retira sans bruit et discrètement, de peur des espions.

Ainsi finit cette conférence de conjurés, qui, aux yeux de la postérité, n'approcha que de la longueur d'une orbite d'une comète à longue période, de celles de Catilina, de Fiesque, de Mirabeau et de Danton.

M. Desforêts alla avec Godâll chez un coiffeur du voisinage, pour se bassiner le visage et faire réparer son précieux toupet. Quand ils se furent remis en chemin il dit à son confident : — Quelle collision, mon ami, quelle épouvantable collision ! cela m'en coûtera bien d'autres, hélas ! C'est un vilain homme, un homme bien brutal, n'est-ce pas, que ce Perrot ? me faire ainsi une scène de crocheteur ! Il est si accoutumé cet homme-là à battre ses subordonnés, qu'il lève la main et même le pied sur tout le monde. Pourtant, si on veut l'en croire il est libéral d'opinions ; mais il est bien plus libéral de soufflets et de coups de pied au derrière, car il les prodigue à ses clercs, à ses domestiques, à ses fils et à ses filles, et jusqu'à sa femme. C'est sa bile et son argent, qui le rendent si insolent. En vérité n'est-ce pas une horreur de ce siècle soi-disant éclairé, que des gens de cette espèce puissent traiter ainsi impunément un homme tel que moi! Il y a cent ans, mon ami, je l'aurais fait mettre bel et bien, dans un bon cul de basse-fosse, avec le crédit que j'ai. Ah! c'était le bon temps cela!... les manans étaient à genoux. Mais on ne respecte plus personne aujourd'hui, pas même les épiciers du haut parage, tout est confondu. Maudit libéralisme! Oh! cher Godâll! qu'il m'en coûte d'être obligé de me concerter avec tous ces gens-là! car ils sont tous du même acabit et de la même trempe, chacun en son genre. Aussi c'est bien à mon regret, que je me vois intéressé dans leur entreprise; mais la nécessité m'y entraîne. D'abord, je gagnerai beaucoup à être à la tête de la manufacture, par les seuls appointemens qu'ils me donneront. Outre cela, je risquerais de perdre tout ce que j'ai actuellement, si je ne me mettais pas à leur tête, comme ce coquin de Perrot avait raison de le dire. Mais patience, ils se diviseront entre eux, ils commenceront par me forcer à chasser les plus intègres, les Delarche et les Fayon; je les vois d'ici, ils finiront par m'imposer pour premier commis ce même Perrot, que je hais comme la fièvre jaune, dont il a l'air d'être le représentant; mais après cela, ce parti perdra dans l'opinion des actionnaires et des ouvriers, et à force

de ruse, de temporisation et de fausseté, je finirai par rester maître ab-
solu. C'est à quoi je vise à la longue,
vois-tu. J'espère un jour venir à
bout de mettre au rebut leur acte
de société, et de rendre nul leur con-
seil d'administration. Je ne vis que
dans ce doux espoir-là, et j'en vien-
drai à bout, sois sûr. Tel que tu me
vois, Godâll, j'ai l'air lourd, on me
prendrait pour un boutiquier du
bas-étage; mais je suis plus prudent,
plus avisé et plus tranquille que personne, je sais mentir quelquefois,
sans que cela paraisse, et promettre
toujours, en tenant rarement; et
trouve-moi un homme d'état qui me
surpasse en ces deux points, Godâll.
Avec cela tu m'avoueras qu'on va
loin.

— Ah ! mon maître, mon patron, mon....., s'écria Godâll qui répandait des larmes d'admiration, que je suis glorieux d'avoir un œil poché et d'avoir reçu des horions pour vous ! Vous serez un jour le plus riche particulier des cinq parties du monde. Mais si cependant cette affaire allait mal tourner ! Il pourrait se faire que, malgré toute votre prudence, vous fussiez victime, si votre cousin, ayant eu vent de votre connivence, s'obstinait à vous regarder comme le chef des opposans et du complot, car vous savez que vous avez des ennemis près de lui. Ses filles, son bâtard, ses vieilles femmes, son confesseur, toute cette clique là ne vous aime pas dans le fond, vous le savez, quoiqu'elle vous fasse bonne mine.

Ils ne demanderaient pas mieux que
de vous perdre pour s'enrichir à vos
dépens; et les brigands, les mauvais
sujets, s'ils triomphent, s'ils s'empa-
rent de la manufacture, peuvent
vous faire un mauvais parti.

— Eh! mon ami, j'ai tout prévu,
j'ai placé des fonds énormes dans l'é-
tranger. Aussitôt que je me verrais
sur le point d'être perdu et pris, je
ferais partir ma famille, et le lendemain j'irais la rejoindre en Hollande.
J'irais trouver mon correspondant
Croker, et je me mettrais épicier à
Amsterdam ou à Rotterdam, aban-
donnant ici tout ce que je n'aurais
pu emporter et mes propriétés,
choses que je ne pourrais sauver. Ce
sont là de ces pertes qu'on est obligé
de subir, que veux-tu! mais au

moins l'homme prudent et prévoyant sauve plus que les autres et n'est pas pris au dépourvu, Va, sans faire semblant de rien, j'ai prévu et paré des malheurs pour au moins quarante ans ; j'ai toujours vécu et je vis comme si tout allait être perdu la semaine prochaine. Qu'importe qu'on me taxe après cela d'être avare !

— Ce sont des calomnies d'envieux, mon cher patron ; vous êtes un homme admirable pour donner le change, pour être faux sans le paraître, et pour prévoir les malheurs de très-loin. Vous valez à vous seul deux Machiavels, deux Fou..... deux Ta.....

— Allons, Godâll, ceci est trop fort, c'est de la flagornerie. Tiens ! ce soir c'est toi qui présideras..... à ma

place; il faut que je dorme et même
que j'aille faire visite à ma femme
dans le grand lit. Et puis, vois les
marques des ongles de Perrot,
puis-je me présenter comme cela,
même à mes commis privés?

XIV.

Notre épicier dont la fortune, semblable à ces lacs des Alpes qui grossissent de jour en jour par la fonte des neiges, ou semblable à une tourbière qui, après avoir été creusée à demi, se remplit de nouveau dans un laps de temps assez court, dont la fortune, disons-nous, croissait de jour en jour, avec tranquillité, uniquement par l'accumulation progressive des bénéfices de ses boutiques, des revenus de ses biens, et des intérêts à vingt-quatre pour cent de ses capitaux, notre épicier se voyait dans la situation la plus prospère et la plus solide, sauf l'inquiétude de l'entreprise contre Lévrissot. Exempt que la bonne nature l'avait fait d'émotions fortes et de passions morales, déprouvait souvent ce contentement de soi-même, partage des gens qui ont vingt fois plus d'argent qu'ils n'en dépensent. Il témoignait de temps en temps à quelques familiers dans sa dépendance, et surtout à son dévoué commis Godâll, la douce et suave satisfaction qu'il éprouvait du *bon état de ses affaires*, locution sacramentelle exprimant la joie d'un capitaliste.

Il se plaisait, surtout, à parler du succès de ces affaires chéries à ceux qui recevaient de lui de médiocres salaires; mais tout ne lui souriait pas absolument: l'affaire de la manufacture l'inquiétait, comme nous venons de le dire, à cause des grands inconvéniens auxquels elle l'exposait, c'était le seul endroit de ses affaires qui fût vraiment faible. Il se flattait pourtant qu'il s'en tirerait bien, et comme il était en bonne intelligence avec son cousin, qui ne lui montrait aucun soupçon, qui n'avait pas même assez d'esprit pour être faux, en affectant ce qu'il ne pensait pas, il espérait, malgré le pronostic du brutal Perrot, qu'il retirerait bien son épingle du jeu, quel que fût l'événement. Toutefois cela *le chiffonnait* un peu malgré lui, comme il le disait dans l'épanchement au cher Godâll.

Mais une contrariété plus grande qui venait de lui survenir, c'était de la part de son fils, dont le caractère et l'humeur répondaient de moins en moins à ses desseins, à ses espérances. Toutes les mercuriales qu'il lui avait faites étaient en pure perte. Ce jeune homme, indigne d'un pareil père, devenait chaque jour plus avide d'instruction, plus rêveur, plus livré aux études intellectuelles, et ce qui était pire, romanesque de caractère. Au lieu de s'appliquer à la connaissance des affaires, de se mettre au fait du commerce, d'identifier son esprit avec les spéculations, de le meubler de chiffres et de détails financiers, il se livrait exclusivement à l'ardeur de son imagination, à l'exaltation de ses idées, et il paraissait vouloir être ou un poète, ou un savant, ou un héros. Aussi son judicieux père en était-il désolé, et tremblait-il de voir attaqué d'aliénation mentale un fils qui montrait des dispositions si extravagantes.

— Le malheureux! s'écriait-il dans sa douleur, je le mettrais à même de devenir un jour aussi riche que moi; il n'aurait qu'à se laisser diriger et faire abnégation seulement de ses passions et de sa sensibilité. Je ne lui demande que cela, c'est bien peu de chose, rien n'est si facile, car tout le monde doit être comme moi, qui me suis corrigé de ces défauts là depuis mon adolescence, grâce à mon heureux naturel et aux bons principes de madame Du Cellery. Ah! pourquoi ne l'ai-je pu mettre entre les mains de cette vieille pédagogue ! Malheureusement elle est trop décrépite et n'a plus ce qu'il faut pour faire l'éducation d'un jeune homme sans barbe.

Véritablement ce fils aîné était la croix de M. Desforêts. Celui-ci s'informait souvent à Godâll de l'effet que faisaient les gravures gaillardes et les ouvrages graveleux.

— Mon patron, lui répondit le pudique commis, je ne me suis aperçu d'aucun changement en bien ; votre fils est toujours studieux et sage, et ne paraît pas mordre à l'appât de la grosse volupté. Il regarde mes estampes avec une indifférence surprenante dans un jeune homme tout neuf. Elles sont bien choisies pourtant et du degré qu'il faut pour son

âge. Je suis connaisseur, vous le savez, dans ce genre, et je suis érudit
en tout ce qui s'y trouve de sédui-
sant. Quant aux romans, il ne les a
pas encore ouverts.

Deux jours après cette conversation, Godâll vint lui annoncer avec
chagrin que le jeune homme avait
essayé de lire quelques pages de ces
livres plus qu'érotiques, mais qu'il
les avait mis en pièces avec colère et
jetés au feu, et de plus qu'il avait la-
céré les estampes voluptueuses.

— Voilà un drôle qui a résolu de
me désespérer, s'écria douloureu-
sement l'épicier ! il n'y a peut-être
pas deux jeunes hommes comme
lui aujourd'hui qui soient indif-
férens à la vue d'objets aussi exci-
tatifs des émotions des sens: c'est un

phénomène que ce garçon là ! Que dis-je ? c'est un monstre dans l'ordre moral, ou bien il est mal organisé. Que le diable l'emporte avec sa chasteté de Joseph et son exaltation de spiritualisme ! Je disais deux jeunes hommes comme lui : hélas ! il n'y en a peut être pas un seul en France, et il faut que ce soit moi à qui la nature l'ait donné dans sa colère ! Malheureux fils ! malheureux père !

Le mardi même où il devait se rendre chez la jeune Agoline, un de ses espions vint l'instruire qu'il avait découvert que son fils faisait la cour à une demoiselle parfaitement élevée, remplie de mérite et de talens, mais sans fortune. Il lui indiqua même la rue et le numéro où elle demeurait, et ajouta que le jeune Desforêts se faisait passer dans la maison pour le fils d'un brasseur de Lille, mais qu'il n'y était pas reçu sur le pied d'amant ni d'amoureux.

Pour la première fois de sa vie, un transport nerveux s'empara de l'infortuné épicier, qui avait toujours douté lui-même s'il avait des nerfs. Il devint si furieux qu'il ne savait à qui s'en prendre, et il se sentit une démangeaison bien nouvelle pour lui, celle de casser tout ce qui était autour de lui. Justement un service de porcelaine et deux grands vases étaient là en évidence; mais la sage économie, qui ne l'abandonnait pas dans ses colères violentes si rares, lui fit sentir que ce brisement lui coûterait trop cher. D'ailleurs une autre occasion se présenta, qui semblait avoir été faite tout exprès pour lui : une demi-douzaine d'ânes étaient entrés, on ne sait comment, dans un superbe parterre où il cultivait, pour les vendre, de belles tulipes que son correspondant de Hollande lui avait envoyées, et y faisaient un affreux dégât. M. Desforêts descend aussitôt, armé d'un gros rotin, et tombe à bras raccourcis sur ces grisons indiscrets, à qui il distribue de si grands coups que deux restèrent sur la place. C'était un spectacle à voir que M. Desforêts s'escrimant à grands coups de bâton sur le dos de ces quadrupèdes déprédateurs, la sueur ruisselant de dessous son toupet dans cette correction furibonde. Il était si irrité que si son fils rebelle se fût trouvé là, il l'eût traité comme ces animaux,

pour lui apprendre à être plus sen‑
timental qu'il ne convenait à son
impassible papa. La perte de ses tu‑
lipes, dont il avait espéré tirer quel‑
ques billets de banque, suspendit le
chagrin que lui causait ce fils, car
M. Desforêts faisait argent de tout
à sa maison de campagne. Il n'y
avait pas de légumes dans son jardin,
parce qu'ils lui auraient coûté plus
cher qu'ils ne lui auraient rapporté;
mais, comme il avait appris la bota‑
nique de madame Du Cellery, il
cultivait des oignons à fleurs, des
tulipes et des jacinthes, dans le but
d'en tirer un bénéfice; il aurait été jar‑
dinier‑fleuriste, s'il n'avait été épicier.

Après avoir fait réparer le dégât
de son parterre, il revint à penser

aux informations que son espion lui avait données. Vite il écrit un billet à sa belle de la rue Saint-Maur, pour la prévenir qu'il ne se rendra pas chez elle; ensuite il monte dans un coucou et se transporte à Paris, dans l'intention de voir la demoiselle à grand mérite qui occupe la pensée de son fils. Il arrive à cette place plantée d'arbres qui est entre la grande allée du Luxembourg et l'Observatoire.

Là demeurait un professeur de philosophie et d'astronomie, seul occupant, au n° 34, une petite maison et un petit jardin.

— Comment diable m'introduirai-je là? se dit d'abord M. Desforêts.

. Tout en réfléchissant, ses regards s'étaient portés machinalement sur une affiche où il y avait en gros caractères ces mots : *Mixture brési-lienne.* Soudain il se frappe le front comme un homme qui fait une découverte.

— J'y suis, j'y suis, je l'ai trouvé ! s'écria-t-il tout haut, comme ce grand géomètre de l'antiquité qui avait saisi la solution d'un problème.

Notre épicier sonne à la porte du professeur. Il était en belle tenue bourgeoise, le toupet et les favoris bien soignés. Une jeune personne d'une tournure et d'une figure peu commune vient lui ouvrir. Elle peut avoir dix-huit ans, sa taille est élégante, sa physionomie réfléchie.

— C'est elle, pensa-t-il, elle est de l'âge de ma fille et aussi jolie qu'elle, mais elle a bien plus d'expression de figure; je gagerais qu'elle a la tête remplie d'idées de philosophie, de sciences, d'astronomie même; elle a l'air aussi d'une jeune idéologue.

Notre épicier était physionomiste par habitude; le commerce et les affaires l'avaient accoutumé à observer les visages, non pas savamment, mais avec des à-peu-près, des données communes.

La jeune personne le conduisit à son père, qui était dans le jardin devant un pupitre, et un livre à la main. Près de lui, il y avait un grand télescope, et de l'autre côté une grande sphère armillaire. C'était un homme brun d'environ quarante ans, ayant une tête prononcée et remarquable qui tenait de celle d'un patriarche et de celle d'un savant; son front large annonçait de grandes facultés d'esprit, ses yeux exprimaient la pénétration vive et profonde; il avait une chevelure noire, touffue et sans un cheveu gris, telle qu'on n'en voit à aucun homme d'étude; on n'aurait pas trouvé dans tous nos académiciens une physionomie où il y eût autant de science, de méditation et de poésie que sur la sienne; on l'eût pris pour un Platon ou pour un Aristote, pour un Copernic, un Milton ou un Diderot, indistinctement. L'épicier en fut frappé lui-même, quoiqu'il eût dans sa vie vu des savans et des philosophes en assez grande quantité pour former quatre bataillons. Il n'avait jamais éprouvé de vénération pour ces messieurs, et, comme il les avait vus flattant, sollicitant, cabalant et intriguant, il n'avait pas tardé à en faire peu de cas; mais il n'avait jamais rencontré parmi eux de figures intellectuellement imposantes comme celle du professeur.

— Monsieur, lui dit-il, un prince souverain de mes amis qui a pour la philosophie et pour l'astronomie tout à la fois un goût particulier, veut avoir dans son palais un observatoire où il puisse se livrer à l'une, et des leçons qui l'initient à l'autre. Il désirerait pour cela que deux savans allassent le trouver, afin de le mettre à même de satisfaire ce double désir. Ce serait l'objet d'un voyage et d'un séjour qui ne les occuperait que deux ans, et qui leur vaudrait à chacun une quarantaine de mille francs. J'ai commission de les chercher à Paris. Comme vous êtes plus capable que moi de les connaître et de les juger, je viens vous prier de me les indiquer, je les recevrai de votre main.

— Ce prince souverain, répondit le professeur, a des goûts bien rares parmi les hommes de son rang ! c'est donc une espèce d'Alphonse de Castille ? — A peu près, monsieur ; toutefois pas au point de négliger son métier de prince pour les sciences, et il ne se laissera pas détrôner pendant qu'il sera à observer les astres ; il est contemplatif par penchant et positif par caractère tout à la fois.

Le professeur rit un peu à ces mots et répondit : — Voilà deux qualités qui hurlent d'être ensemble et dont je n'ai jamais connu d'exemple. Je sais bien que les hommes de notre siècle jouent plusieurs rôles et cultivent plusieurs choses différentes; on voit aussi quelquefois des rois qui ont des opinions philanthropiques et qui sont despotes dans leur gouvernement; on voit beaucoup de riches qui sont libéraux dans leurs discours, sans l'être le moins du monde dans leurs actions; on voit des parvenus qui n'ont fait leur fortune qu'à force de crimes, affecter la passion de la botanique et de la peinture.

Mais je m'arrête; il serait ridicule de ma part de soulever des questions avec quelqu'un qu'on ne voit que pour la première fois; vous

concevriez de moi l'idée d'un décla-
mateur, quand vous avez cru trouver
un savant.

— Oh! monsieur, reprit M. Desforêts, je ne suis point venu pour
m'assurer de votre immense savoir,
je n'en doute pas. — C'est flatteur, dit
l'astronome en riant, mais... vous m'a-
vez parlé d'une commission pour....

— Oh! cela ne fait rien, reprit
l'épicier. Tenez, voici une lettre de
créance où sont exprimées les propositions que je suis chargé de vous
faire par commission secrète : si
vous acceptez pour votre compte, je
vous aboucherai avec un plénipoten-
tiaire. Voyons, voulez-vous sacrifier
un an de votre temps auprès d'un
souverain pour fonder un observatoire dans sa capitale, et faire faire

un cours de votre philosophie à sa famille? Il y aura trente mille francs pour chaque objet.

— Je veux bien, répondit M. Bermilloc (ainsi s'appelait le professeur), je veux bien lui donner une année pour son observatoire, mais je n'enseignerai ma philosophie à personne; elle ne convient point aux princes, et surtout aux princes d'Allemagne, et d'ailleurs un an ne suffirait pas pour cela. — Eh bien! ne parlons plus de la philosophie, mais j'ai une autre proposition à vous faire. Le prince a une fille de seize ans, dont l'éducation est faite, mais il voudrait mettre auprès d'elle, aussi pour année, une demoiselle française presque du même âge, à deux ou trois ans près, qui serait de beaucoup plus instruite qu'elle, et qui aurait divers talens rares, afin de la perfectionner par l'influence qu'elle en recevrait. Mademoiselle votre fille est, dit-on, douée de talens et de qualités précieuses, et pourrait remplir ce poste temporaire et lucratif : il y aurait quarante mille francs pour ce second objet.

—Cette proposition, reprit M. Bermilloc, est d'une nature toute particulière et ne me paraît pas acceptable. Ma fille est un sujet que j'ai cultivé avec soin, et qui était déjà douée par la nature des plus heureuses facultés. Je ne répondrais plus de la pureté de ses idées, tout en garantissant celle de sa conduite; ce serait trop exposer son impressionnabilité morale et physique. Loin de pouvoir influencer la jeune princesse, ce serait plutôt elle qui en recevrait l'influence. Que pourrait faire une jeune personne comme elle, imbue de spiritualisme en tout, dans une cour qui est, comme toutes les autres, le foyer des plaisirs, des intrigues et des séductions? Oh! que je serais fâché qu'elle allât respirer un air aussi délétère! L'atmosphère de la région des princes n'est pas fait pour elle. Elle n'a que dix-huit ans, et c'est moi qui dispose de son sort! cependant, je veux lui faire part de votre proposition, et la laisser se décider librement.

Et le professeur fit appeler sa fille; c'était ce qu'avait voulu M. Desforêts, qui ne l'avait vue que par échappée en entrant. Il ne la trouva pas absolument jolie d'après son goût, quoiqu'elle le fût réellement; mais elle était si différente de la marchande d'huîtres, genre de beauté que l'épicier affectionnait, que l'homme amateur de celui-ci ne pouvait l'être du genre de l'autre. C'était une jeune personne svelte sans être maigre, ayant une taille bien dessinée sans être étoffée, d'une figure intéressante sans être remarquable, et qui avait un je ne sais quoi de céleste et de touchant qui commandait le sentiment plutôt qu'il n'excitait les sens, mais le sentiment profond plutôt que la passion violente. En un mot, elle ne pouvait faire qu'une médiocre impression sur l'homme matériel étranger aux émotions du cœur, et ils sont nombreux par le temps qui court; mais elle avait tout

ce qui peut inspirer un penchant in
dividuel pour la vie aux hommes très-
rares en qui domine la sensibilité morale.

— Ma fille , lui dit le professeur ,
on te fait une proposition brillante
sous le rapport de la fortune. Il s'a-
git de m'accompagner pendant deux
ans dans une cour dégénérée par le
sybarisme , pour y achever l'éducation de la fille d'un prince , laquelle
est presque de ton âge, seulement en
lui imprimant le cachet de tes idées
et modifiant son âme d'après la
tienne. On offre pour cela quarante
mille francs : ce serait une dot pour
toi, et tu auras gagné en outre l'a-
vantage d'avoir visité un beau ciel
et contemplé de vieux monumens.
Vois ce que tu veux faire ; je te laisse

entièrement maîtresse de refuser ou d'accepter.

— Mon père, répondit Argénie (c'était son nom), le mobile de l'argent, tu le sais, n'est pas à beaucoup près le premier pour moi. Quand il s'agirait d'une grande fortune, je n'accepterais pas les propositions de monsieur ; je ne me sens capable de rien enseigner à personne, lors même que je saurais dix fois plus que je ne sais. La jeune princesse est peut-être un Télémaque féminin ; mais je ne puis être son Mentor, parce que je n'ai pas la sublime transcendance d'une Minerve et que je ne conçois même pas ce qui la constitue. J'ai bien assez de me guider moi-même, avec l'aide d'un père, dans les sentiers pénibles de la vie, ignorante que je suis du monde, n'ayant encore cultivé que ce qui est relatif à l'âme. Si cette princesse n'est pas susceptible d'être dirigée, elle aurait sur moi une supériorité trop grande, et je recevrais ses impressions au lieu de lui communiquer les miennes, ce que je redoute et pour mon repos et pour mes sentimens. Je ne suis pas de ces femmes extraordinairement développées qui adoptent le rôle d'institutrices quand à peine elles sortent de l'enfance, rôle qui suppose qu'elles sont familières avec des connaissances du cœur et de la société auxquelles je veux rester étrangère le plus long-temps que je pourrai, pour mon bonheur positif et ma dignité intellectuelle. Ainsi je ne puis accepter.

—Vous l'entendez, s'écria M. Bermilloc, l'oracle a prononcé.

— Certainement, reprit M. Desforêts, mademoiselle vient de développer une grande sagacité de vues, une grande maturité d'idées, une façon élevée d'envisager les choses, ce qui me fait regretter de la voir montrer tant de défiance d'elle-même pour l'acceptation des fonctions que je lui propose. Cependant il y aurait de grandes objections à lui faire; mais je ne suis pas venu pour engager ici des discussions métaphysiques, dans lesquelles d'ailleurs je ne serais pas de force avec elle, ni avec vous, n'étant qu'un humble épicier....

M. Bermilloc fit un mouvement de surprise, et l'intellectuelle Argénie porta un regard de léger saisissement vers son père.

— Oui, mademoiselle, continua M. Desforêts, je ne suis qu'un épicier qui aurait été bien aise de faire quelque chose qui vous fût agréable et avantageux, et qui est aussi surpris qu'affecté de vous voir refuser des offres que, pourvue de talens rares comme vous l'êtes, je croyais vous voir accepter sans balancer....

— Monsieur, répondit la jeune personne, ces offres, fussent-elles dix fois plus avantageuses qu'elles ne le sont, je ne peux en profiter.

— Oui, monsieur, ajouta le professeur, voilà comme nous sommes, ma fille et moi, les richesses et tout l'argent de l'Europe ne pourraient nous faire accepter ce qui n'est point dans nos goûts ou dans nos principes.

— Ma foi, repartit l'épicier, le monde irait bien mal et l'on serait bien malheureux, s'il s'y trouvait beaucoup de personnes comme vous deux. — Ah! voilà qui est plus extraordinaire que tout ce que j'ai appris depuis ma naissance! S'il y avait beaucoup de gens désintéressés, le monde irait bien mal..... Oui, monsieur, il irait mal; ce qui constitue l'homme social, c'est d'être accessible à tous les mobiles; l'homme qui n'est pas sensible à son bien-être n'est pas traitable; on ne sait que faire de lui, et il peut même être très-dangereux....

. M. Bermilloc partit d'un éclat de rire et dit : — Excusez-moi, je n'ai

pu me défendre d'une gaîté qu'a pro-
duite la plus singulière maxime....

— Riez tant que vous voudrez,
reprit M. Desforêts; je répéterai que
les vrais hommes sociables sont ceux
qui sont sensibles à l'argent. Ce beau
désintéressement, cette élévation que
vous m'oppos z, sont des entraves
et non des vertus. Laissons Salluste,
Plutarque, Sénèque et Tacite nous
vanter les mépris des richesses, de
quelques personnages, du reste assez
douteux, tels que les Camille, les
Fabricius, les Caton et mille autres;
moi je soutiens que les mobiles les
plus positifs sont les meilleurs, et
qu'il y a plus de service à attendre
des personnes qui convoitent la fortune que de celles qui la méprisent.
Si j'étais roi, je ne voudrais avoir

autour de moi, que des ambitieux., des intrigans, des âmes cupides; je serais bien sûr de leur faire faire tout ce que je voudrais, ils seraient toujours prêts à me servir, à quelque prix que ce fût, et en quoi que ce fût: Je n'ai jamais été toute ma vie entouré que de gens de cette espèce., et je m'en suis bien trouvé; je vous avoue que je ne puis concevoir un être social, qui agisse sans intérêt et qui ne suive pas son intérêt, ou je le regarderais comme un fou. Moi j'avoue que j'aime mieux avoir à dé-battre avec l'intérêt personnel qu'a-vec les principes moraux; c'est ma manière de voir.

M. Bermilloc ouvrait de grands yeux, en entendant ces belles pa-roles, et montrait un étonnement

profond. — En vérité, monsieur, s'é-
cria-t-il, voilà le discours le plus extraordinaire que j'aie entendu de
ma vie! et je n'ai jamais vu mettre si
à nu les principes de l'intérêt et de
l'égoïsme.

— Monsieur, interrompit l'épicier avec un peu d'humeur, en voilà
assez sur nos façons de penser.
Voyons, en définitive, acceptez-vous
quelque chose de ce que je suis venu
vous proposer?

— Monsieur, repartit le professeur, j'accepte une partie de votre
proposition; j'irai si l'on veut, pendant deux ans, fût-ce en Amérique,
pour établir un observatoire au
prince dont vous avez reçu mission,
et pour les trente mille francs of-
ferts; j'irai de grand cœur même, et

voilà tout. — Je croyais que ne voulant pas vous séparer de votre demoiselle, vous auriez accepté ce qui la regardait, d'autant plus qu'elle aurait été sous vos yeux et sous votre direction.

— Non, monsieur, reprit M. Bermilloc, c'est impossible ; ma fille vient de se prononcer, comme vous l'avez entendu, et je suis de son avis.

— De sorte, observa finement notre épicier, qui ne perdait pas de vue l'objet de sa tentative, de sorte que vous la laisseriez à Paris, quand vous seriez à Naples par exemple, pendant un an? — Mais elle irait en mon absence résider à Versailles chez une tante. — Ah! c'est bien près de Paris! Et vous n'en craignez pas le voisinage pour elle? Je trouve qu'il n'y a rien d'aussi anti-philosophique que cette capitale, surtout pour une demoiselle aussi philosophe. — Je suis bien de votre avis, nulle autre part sur notre planète, on ne voit comme ici, le spectacle du crime enrichi, de l'opulence aux oreilles d'âne, de l'avarice princière propriétaire et capitaliste, de l'égoïsme millionnaire commerçant et boutiquier; mais il s'y trouve aussi plus de liberté de vivre et de penser, et c'est une compensation. D'ailleurs, ma fille a des principes et une philosophie arrêtés, une âme indépendante; je n'ai plus rien à y faire, comme je n'ai plus à la surveiller. — Oui; il paraît que mademoiselle est dans une indépendance assez complète, et qu'elle a une volonté à elle.

—Il est vrai, monsieur, répondit Argénie, et je crois que ce n'est point un défaut.

— Mais.... mademoiselle, repartit l'épicier, c'est une question d'opinion. Je vous dirai, du reste, que dans le monde, on est généralement d'accord maintenant, que les demoiselles ne doivent point avoir de volontés, sont absolument dépendantes des convenances sociales, et soumises aveuglément à leurs parens.

—Ah! interrompit le professeur, il est de cet usage comme de celui des Circassiens, qui vendent leurs enfans, et il s'introduit en France aujourd'hui de cette façon.

— D'après cela, mademoiselle, reprit M. Desforêts, rien ne pourrait vous détourner d'aimer un jeune homme d'une fortune et d'un rang considérables et ayant d'immenses espérances, si vous étiez aimée de lui? — Non, monsieur. — Rien ne vous ferait repousser ses prétentions et vous encourageriez son penchant pour vous? — Oui, monsieur! — On ne peut être plus franche, et c'est toujours une qualité; je soupçonne que vous êtes dans ce cas, et c'est peut-être pour cela que vous ne voulez pas accepter les offres que je suis chargé de vous faire? — Vous m'excuserez de ne pas m'expliquer sur cet article. — Pardon, mademoiselle, je n'ai pas eu le dessein de vous faire des questions indiscrètes.

En ce moment, on vint demander

l'indépendante Argénie pour une affaire domestique.

— Mademoiselle votre fille, dit
après son départ l'épicier au professeur, est une anomalie... dans la classe
des jeunes personnes ; sa figure, son
extérieur, ses paroles sont vraiment
de beaucoup au-dessus du vulgaire
des femmes et même de la nature
humaine. Mais je crois que ce n'est
pas là le caractère de jeune personne
qui convient à l'état de civilisation
actuelle, et je dirai même à notre état
social. Au reste, le temps me presse :
acceptez-vous la proposition d'aller
en pays lointain comme astronome,
car d'y aller comme philosophe, cela
ne se peut plus ; je vois trop que
votre philosophie ne conviendrait
pas au prince.

— Vous avez raison, répondit le professeur, et c'est pour cela que je m'y suis refusé, mais j'accepte comme astronome. — Allons, bien ! alors je suis chargé de vous faire signer un engagement.

Et il tira un papier de son porte-feuille.

— Et de vous donner, continua-t-il, un double signé du prince, que voici, et une avance de six mille francs pour frais de voyage, que voici encore en bons de la rente de Naples. — Vraiment ! le prince fait bien les choses ; mais comme je ne pourrai partir que dans trois mois, gardez les six mille francs en attendant. — Comment diable ! vous ne partirez que dans trois mois ? — Impossible auparavant ; il faut que j'aie le temps de mettre en règle mes affaires, de terminer mon cours, et de prendre congé de mes écoliers; mais, aux vacances, je pars sans plus tarder.

Cette condition contrariait fortement l'épicier, qui ne le dissimula point. M. Bermilloc lui ayant déclaré qu'il renoncerait plutôt à l'affaire que de partir avant l'époque qui lui convenait, l'épicier se résigna. Les signatures et l'échange des doubles ayant eu lieu, l'épicier parla de procurer un pensionnat, à cinquante lieues de distance, à diriger par mademoiselle Argénie, qui pourrait y jouer un rôle plus brillant que madame de Campan, en sens inverse du sien; c'est-à-dire qu'elle y façonnerait de jeunes personnes spiritualistes indépendantes, tandis que

l'autre n'avait guère formé que d'a-
droites coquettes. M. Bermilloc trouva l'idée bonne, et il fut convenu
que tous deux se reverraient pour
cela.

Quand l'épicier fut sorti de cette
maison si dangereuse pour ses pro-
jets financièrement paternels, il se
dit à lui-même : — Rien ne me coûtera pour éloigner de mon fils cette
dangereuse créature. Je sais que je
fais une mauvaise action, si je la
mets à même de former une pépi-
nière de petites filles sentimentales
et spiritualistes élevant l'âme et les
vertus idéales au-dessus de tout,
même d'un vieux barbon, qui leur
offrirait des richesses. Cela corrom-
pra le sexe de la génération actuelle,
qui n'est élevé que dans la monda-

nité et l'amour sacré des convenances;
mais *primò mihi*. D'ailleurs, il ne
s'agit que de filer quelques années,
après lesquelles mon fils, accoutumé
à l'amour de l'argent et aux choses
positives, ne pensera plus à cette
Héloïse philosophe et métaphysi-
cienne. En attendant, j'ai toujours
réussi à ce qu'elle quitte Paris dans
trois mois, il ne pourra plus la re-
voir de deux ans après cela; c'est
quelque chose de gagné.

Dieu de Dieu! mais quel péril je
cours; toujours de voir perdre à mon
fils sa raison! Trois mois à attendre
encore, et elle ne sera qu'à Versailles.
Maudit trimestre de délai que l'enfer
confonde!... Ah! quelle idée lumi-
neuse! quel trait de génie me vient!...
C'est bon, j'y suis... Il faut arracher

mon fils aux passions du cœur en le faisant débaucher par celles de la nature... Il est pour cela un moyen efficace;... c'est bien.

M. Desforêts joyeux de sa découverte se frotta les mains, se mit à rire et s'écria ainsi qu'il avait fait deux heures auparavant : Je l'ai trouvé ! je l'ai trouvé ! comme s'il eût été Archimède. Nous allons voir dans le chapitre suivant ce que c'était.

XV.

L'épicier fait venir son confident, discret, soumis et érudit, le docte et dévoué Godâll. Écoute, lui dit-il, je ne veux confier ceci qu'à toi. Mon correspondant Croker m'a envoyé d'Amsterdam il y a un mois une grosse, mais énormément grosse cuisinière, véritable Vénus néderlandaise. Tu sauras que les cuisinières, dans ce pays-là, sont une classe remarquable par le physique, et que c'est parmi elles qu'on trouverait les plus belles femmes du *Zeuderzi*. — Mon patron, pardon, qu'est-ce que cet endroit là? — Ah! c'est le *Zuiderzée* de nos cartes, car, c'est ainsi qu'on prononce le nom de ce golfe, dans lequel, pour le dire en passant, on aperçoit encore la pointe des clochers des villages submergés avant la découverte de l'Amérique; et tu sais, sans doute, mieux que moi que ce *Zeuderzi* n'existait pas du temps des Romains; du moins Strabon ne l'indique pas. Mais passons. — Bon Dieu! mon patron, vous avez une érudition locale que j'admire. — Va, Godâll, je n'en ai que pour la Hollande, j'adore la Hollande, moins ses fromages que je n'aime pas beaucoup, vois-tu; mais je suis Hollandais de cœur, de taille, de figure et de tempérament. J'éprouve une sympathie étonnante pour ces gens-là. Je trouve qu'ils sont si pleins de sens et de sagesse! Quelle admirable froideur de passions! quel flegme de caractère, Godall! et, surtout, quelle économie! Ah! ils en savent presque autant que moi sur ce chapitre. Je suis gros et gras, comme eux, et ils ont de l'esprit comme moi; j'aime les spéculations, la finance et le bénéfice comme eux; j'ai de l'ordre comme eux; enfin j'ai des raisons de croire que quelques-uns des ancêtres de mon grand-père... effectif et non putatif, tu m'entends, sera venu de la Frise ou de la Nord-Hollande. Un Hollandais fumant sa pipe devant une tasse de thé à la vue des canaux et du port, et songeant à une spéculation

de commerce, me paraît le chef-d'œuvre de la civilisation et le prototype
de l'homme en société.

Mais revenons à notre Vénus hollandaise, c'est une femme unique
en Europe pour les charmes, une
femme, qui, pour la conformation,
ne ressemble en rien à tout ce qu'on
voit en France; c'est un vrai morceau de prince du sang. Je crus d'a-
bord, que mon correspondant pouvait bien avoir pris sa commission
sur cette marchandise, avant de me
l'expédier; néanmoins, d'après ce que
l'on m'a dit, qu'il est dans une espèce de pléthore, je suis revenu de
cette idée. Je ne suis pas absolument amoureux d'elle, je te l'a-
vouerai, Godâll, car tu me connais
assez, pour savoir que je ne suis

guère susceptible d'amour; je suis
en cela l'antipode du Mahomet de
Voltaire, comme tu es celui de son
Omar, je suis un peu glouton en
sensualité, et voilà tout, hollandais
en cela, comme en bien d'autres
choses. Mais enfin quand on a trouvé
un bon morceau, on aime à le garder pour soi; c'est dans la nature,
tu le sais. J'avais déjà pensé à en
faire cadeau à Casimir, pour prévenir la première éruption de ses sens;
mais je me disais, il est bien jeune,
bien neuf en sensations; et lui donner pour premières amours, une
femme aussi forte, aussi volumi-
neuse, ce pourra être un grand
danger pour lui; n'allons pas le faire
tomber dans le marasme, pour le
préserver de l'enthousiasme. En

outre, quel rôle jouerais-je, moi, père et patriarche, d'initier ainsi mon propre fils à des jouissances sur lesquelles je dois seulement fermer les yeux?

— Eh! mon patron! s'écria le docte Godâll, Séleucus, roi de Syrie, ne céda-t-il pas sa femme à son fils Antiochus? Ce ne serait pas la première fois ni la cent millième, qu'un père aurait fait cadeau de sa maîtresse à son fils.—Tu as, ma foi, raison, je serai un Séleucus aussi, avec cette différence, qu'il faut que je rende mon fils amoureux; mais c'est là le *tu autem*; crois-tu que j'y parvienne? — Oui, certes! c'est immanquable, les sens d'un jeune homme de dix-huit ans prennent feu comme des étoupes; oh! je vous approuve

hautement, c'est une bonne idée,
une idée de génie.

— N'est-ce pas, s'écria l'épicier
satisfait de la flatterie de son confident, que c'est une idée ingénieuse?
Mais, ne devrais-je pas avant tout
préparer les deux parties à se voir, à
se connaître avant de les mettre en
contact? — Point du tout : à votre
place, je les mettrais subitement en
tête à tête sans qu'ils en fussent pré-
venus, cela ferait plus d'effet; il n'y a
rien comme les surprises dans les
conjonctions d'homme à femme,
voyez-vous. — Parbleu! Godâll, tu
as dix fois raison. Vraiment! je ne
te connaissais pas tant d'esprit. Oui,
oui, il faut les aboucher sans qu'ils
s'y attendent; dans ces affaires-là,
c'est, comme tu le dis, la surprise

qui vaut le mieux, il serait mala-
droit de les préparer. Ton avis est
excellent, parfait. Allons! je vois que
tu tiens de moi, tu es inventif et judicieux. Je vais dès aujourd'hui mettre la main à l'œuvre.

— Oui, répondit Godâll, et c'est
bien une œuvre de chair celle là.

— Ah! c'est vrai, ah! ah! ah! réplique M. Desforêts avec un éclat de
rire, dont un bon et franc épicier
est seul capable. Allons! c'est bon,
pars et fais-moi venir le sujet, que
je le mette sans plus de délai en be-
sogne, car il y a *periculum in mora*,
comme on dit au Palais-de-Justice;
et qu'avant la fin du jour son inno-
cence ait vécu.

Le sujet étant venu en effet,
M. Desforêts lui ordonna de faire une

toilette soignée. Le jeune homme ne se le fit pas dire deux fois, sortit et revint en grande tenue bourgeoise. Alors le père, homme prévoyant, lui fit faire un bon déjeuner à la four-chette, où il lui fit boire du chambertin et du champagne. Et quand il vit qu'il commençait à être en gaîté, ils se levèrent de table et il le fit monter en cabriolet sans lui dire où il le menait.

Après une demi-heure de course, il arrive avec lui à l'entrée d'une rue de Chaillot, qui donne sur le quai de Billy. Là, ils descendent, le père s'étant fait annoncer M. Leblanc, son nom de guerre. L'épicier le fait entrer avec lui par une petite porte de jardin à laquelle il a sonné, dans une maison dont le corps de logis présente au jeune homme un aspect extraordinaire, tel qu'il n'avait jamais vu à aucun édifice, et pourtant il en connaissait de beaux, car il avait vu bien des palais et des hôtels dans sa vie, quoiqu'il fût à peine sorti de l'adolescence et fils d'un épicier. Les corridors où l'on les fit passer étaient remarquablement parsemés de sable fin de couleur, et l'escalier par où ils montèrent était lustré, ciré, recouvert d'un tapis élégant et orné d'une belle rampe de bois indien.

M. Desforêts laissa son fils dans un petit salon et pénétra dans une pièce voisine.

— Mon père, pensa le jeune homme, a sans doute une visite à

faire ici ; mais chez qui donc sommes-nous ?

Ce qui lui faisait faire cette réflexion, c'est que l'ameublement de ce petit salon se composait de quantité d'objets tels qu'il n'en avait jamais vu, et tels qu'il n'y en avait peut-être pas de pareils dans tout Paris. C'était chez cette ex-cuisinière d'Amsterdam dont il avait parlé à Léonard et à Godâll, que son père l'avait amené.

M. Desforêts, entré dans la chambre de la dame, la trouve assise près d'une table ronde, faisant un léger repas à la mode de son pays avec des tartines, du thé et du beurre, et ayant devant elle deux pipes de porcelaine toutes prêtes, dont l'une était pour elle et l'autre pour l'épicier, qui avait coutume, lorsqu'il venait la voir , de fumer avec elle du bon tabac de Java, innocente récréation de deux personnes sensées qui attendent tranquillement , et sans dire mot , l'arrivée des désirs sensuels. C'était une femme à peine à ses vingt ans , d'environ cinq pieds six pouces, et dont la poitrine élevée et singulièrement saillante avait à peu près trois pieds six pouces de circonférence. Sa corpulence abondante et fournie d'une manière rare , offrait en même temps des proportions si harmoniques , si parfaites , que , quoique colossales, elles flattaient agréablement la vue. On n'aurait pas réussi à trouver une carnation plus blanche que la sienne; sa figure, remarquablement large , ronde et

pleine , n'avait pourtant pas ce teint
frais et rosé qui distingue les Hollandaises en général et les Frisonnes
en particulier, et ses yeux, grands
et bleus, surmontés de deux sour-
cils noirs bien arqués, et ses abon-
dans cheveux, également noirs, com-
posaient véritablement une particu-
larité exceptionnelle pour la femme
indigène d'une contrée où il y en a
dix-neuf de blondes contre une de
brune. En un mot, les amateurs di-
saient: « Voilà une belle femme, mais
une belle femme locale et telle qu'on
n'en trouverait pas une seule à Paris
ni deux dans toute la France.» Les
lecteurs peuvent se la représenter
comme une beauté curieuse, mais
une beauté attrayante pourtant qui
devait faire de l'effet sur les sens de

quelque homme que ce fût, jeune ou vieux, insensible ou passionné.

—Ma chère Catharina, lui dit Desforêts, je viens vous annoncer que je suis obligé de vous quitter, peut-être pour trois ou quatre mois.

—Ah! c'est malheureux! répond la belle Néderlandaise avec un flegme batave, et sans marquer de surprise. Pourquoi donc?

—Je vais, répliqua l'épicier, aller prendre les eaux de Bath, en Angleterre, qui me sont ordonnées par les médecins, et en outre j'ai de grandes affaires d'épiceries à régler à Londres.

—Ah! ah! reprit-elle du même ton; mais que vous est-il donc arrivé? —Une infirmité.

—Ah mon Dieu! que dites-vous

là? continua - t - elle, toujours avec calme; mais quelle espèce d'infirmité?
— C'est une infirmité qui me paralyse les sources de la vie.

— Qu'est-ce que c'est que ces sources? où sont-elles, demanda ingénuement la belle colosse.

— Ah! répond l'épicier en riant, ce sont les sources du bonheur, si vous voulez, et sans lesquelles on ne peut profiter de vos appas.

—Ah! oui, je commence à comprendre, répond la Hollandaise gravement et sans paraître affectée le moins du monde.

—Et, reprend l'épicier, il y a danger pour moi, non de la vie, mais pendant quelque temps de la puissance qui la donne. C'est avec un regret amer que je me vois affligé dans mes relations avec vous d'une manière aussi intime; je suis même peut-être menacé de les suspendre pendant une année.

— J'en suis fâchée, réplique Catharina sans manifester de mécontentement dans le jeu de sa physionomie; je vais donc rester seule ici?

— Cela, ma chère amie, ne trouble en rien nos arrangemens; vous habiterez toujours ici sur le même pied; vous m'avez été donnée par mon cousin Croker, et je dois me charger de votre sort; il n'en sera pas moins assuré. — C'est bien singulier... le ban..... je veux dire votre cousin, se trouvait dans le même cas que vous lorsqu'il m'a proposé de vous recevoir comme protecteur.

— Ah! ah! c'est drôle!... je ne savais

pas cela; voyez-vous ce gros père!..
ah! il est vrai qu'il commence à approcher de la soixantaine, et il a une bedaine... il est lourd... Dieu merci! — Ah! certainement, il est lourd, vous avez bien raison; et il n'est pas bel homme. — Mais moi aussi je commence à être lourd, ma chère Catharina. — Oui, je le sais; mais vous êtes bien mieux que lui pour le reste. Avec ça vous êtes Français dans les manières et dans le langage, ce que j'aime beaucoup, et vous avez la grosseur et la figure d'un Hollandais, ce que j'aime assez. — De sorte, ma chère, que vous aimez qu'il se trouve dans un homme du français et du hollandais? — Oui, oui, grand et gros comme l'un, poli et courtisan comme l'autre. — Ah!

ah vraiment! quoi vous n'aimeriez
pas un jeune Français un peu allongé,
là un peu svelte? —Qu'est-ce que
cela veut dire, svelte? — Mince, dé-
lié, si vous voulez. — Non, non, pas
d'homme mince. — Voyez donc un
peu quelle sympathie la nature vous
a donnée pour la grosseur dans les
hommes, parce que vous êtes grosse
vous-même! —Quoi! vous auriez de
la répugnance pour un jeune homme
svelte, là, d'environ vingt ans? —Oh!
oui, car j'en ai vu dans mon pays;
il s'y trouve des Hollandais comme
cela. Eh bien! je ne les ai jamais pu
souffrir. Je n'aime pas ces hommes
qui sont d'une taille, là... effilée, et,
comme vous dites, minces, dans le
genre des grandes tiges de haricots
que l'on cultive chez nous.

M. Desforêts rit de cette comparaison, et lui dit, après avoir rêvé cinq minutes :— Cela me contrarie beaucoup ; j'avais dessein de vous laisser mon fils aîné à ma place pour vous tenir compagnie ; mais malheureusement il est d'une taille très-effilée , puisque effilée il y a; il est vrai qu'il n'a pas dix-neuf ans. En revanche il est d'une assez jolie figure, et.....

— Ah ! interrompit la Hollandaise, qui n'interrompait jamais , et avec une vivacité qu'elle n'avait pas montrée jusque là , votre fils a une jolie figure et n'a pas dix-neuf ans? mais cela rachète un peu son manque de *graisse.*

Éclat de rire de l'épicier, qui répond : — Ma charmante cuisinière, quoiqu'il n'ait pas de graisse, vous l'agréez donc pour vous désennuyer en mon absence?

— Mais, réplique la belle avec une légère rougeur de joues qui paraissait pour la première fois, puisque cela vous fait plaisir!.... — Oui, beaucoup, et je vous l'amène à l'instant ; il est là qui attend dans votre petit salon.

— Ah! ah! voilà qui est merveilleux, s'écria-t-elle avec une petite joie comprimée; allez le chercher, mon ami, il doit s'ennuyer seul.

— Oh diable! dit en lui-même M. Desforêts après s'être levé et en allant chercher son fils, voilà une luronne plus impatiente que je ne croyais, qui, avec son air tranquille, sans passion, et à qui je n'avais pas même aperçu de désirs... ni de sens, est bien prestement prête à me laisser remplacer ! Voyez comme le feu a pris aux poudres chez elle! J'étais à cent lieues de soupçonner qu'une Hollandaise fût si combustible. Ah! les femmes! elles sont les mêmes dans toutes les latitudes, dans le pays des polders comme dans celui des volcans, dans les régions glacées comme dans les climats brûlans... Ah! parbleu! si je peux m'en débarrasser ainsi, ce sera faire d'une hache deux coups, comme disent les bûcherons de Villers-Cotterets et de Soissons.

Ne croirait-on pas, à ces réflexions, que notre épicier, homme si matériel dans ses liaisons avec une femme, tînt beaucoup à sa constance? Mais les hommes qui n'ont que des sens, qui ne sont que brutaux même, sont encore exclusifs et veulent être aimés, tant l'égoïsme est tyrannique, même en jouissances!

— Pourvu que mon fils morde bien à la grappe! se disait-il encore.

Et aussitôt il prend ce cher fils par la main et le présente à la grande, belle et grasse Hollandaise.

Le jeune homme, en ce moment, avait le teint animé par suite des vins généreux et aphrodisiaques que son ingénieux père lui avait fait boire deux heures auparavant.

— Casimir! lui dit-il, voici madame, qui est ma parente, quoiqu'elle soit des Pays-Bas, et avec qui je suis bien aise que vous fassiez connaissance, parce qu'elle veut bien avoir la complaisance de vous montrer sa langue.

— Comment! répond Ferdinand, la langue de madame?

— Eh oui, mon fils! se hâta de répliquer le père, fâché de sa locution, le hollandais , si vous voulez.

— Le hollandais! reprit Casimir en balbutiant...; vous ne m'aviez pas dit cela, mon père. — Je n'y avais pas pensé jusqu'à présent; mais comme je veux que tu connaisses le le plus de langues vivantes possible et que voilà une occasion très-agréable, il ne faut pas la négliger. Madame est une Hollandaise de distinction et n'est ici que depuis un mois; il n'y a personne à Paris qui puisse aussi bien qu'elle te servir de maître pour cet objet.

Casimir, revenu du trouble d'une proposition si inattendue, répondit avec un peu d'humeur : — Mais vous savez, mon père, que dans peu je dois apprendre l'anglais, que l'anglais peut mener au hollandais, et...
— Point du tout, il n'y a que très-peu d'affinité entre ces deux langues ; ce qu'elles ont de commun est seulement dans les mots d'origine saxonne, qui ne forment pas le sixième de l'idiome britannique.

— Mais, mon père, repartit Casimir, déjà un peu intimidé de ce ton impératif et de la présence de la Hollandaise, j'aurai beaucoup de difficulté à apprendre une langue aussi dure. — Oh ! madame saura vous la rendre douce, et vous l'apprendrez plus vite avec elle que vous ne l'avez fait de l'italien tout seul.—Ah! c'est bien différent! vous savez que nous avons des amis qui sont Italiens. — Écoutez, Casimir, pour mettre fin à tous ces discours inutiles, si dans trois mois vous avez appris le hollandais, je vous laisserai libre de cultiver une certaine connaissance que vous avez faite dans un quartier opposé, et de concevoir des espérances!... vous m'entendez.

Casimir, transporté de ces paroles, s'écria, avec une joie et une vivacité soudaines :—Quoi! vous saviez cela, mon père?... quoi! vous consentiriez un jour?... — Oui, je sais tout, et un jour je pourrai peut-être..... nous verrons.... mais il faut que je sois content de vous auparavant.—

Allons! je vais étudier le hollandais.
— Oui, de toutes vos forces, avec
madame, je vous le conseille. —
Puisqu'il en est ainsi, je vais me dé-
pêcher de l'apprendre, et de pâlir
sur la grammaire jusqu'à ce que je
le parle. — Là, là, là, vous ne pâ-
lirez pas.... ou ce ne sera pas du
moins sur une grammaire. Que vous
profitiez bien des leçons de madame,
c'est tout ce que je désire.

Jusqu'alors la belle Hollandaise
était restée muette, n'ayant pas eu
le temps de placer un mot, au milieu d'une discussion si rapide et
d'un échange si prompt de paroles
entre le père et le fils, qu'il n'y aurait pas eu possibilité de l'arrêter
par la moindre interpellation. Cette
commission singulière l'avait sur-

prise, parce qu'elle n'en avait pas saisi le motif, tant elle était vraiment Néderlandaise pour l'absence de finesse. Elle ne s'attendait pas à être instituée comme cela tout à coup maîtresse de langue, elle qui, bien qu'elle eût reçu une espèce d'éducation, aidée du sens commun sans détour, n'aurait pu enseigner d'autre science que la cuisine, et encore la seule cuisine hollandaise, bien inférieure pour la complication culinaire à la cuisine française. Elle prit enfin la parole, pour s'excuser sur ses faibles moyens d'enseignement.

— Je ne sais pas la grammaire, dit-elle à M. Desforêts, et je ne pourrai jamais lui montrer ma langue...

comme vous l'avez dit, et ce qu'on appelle par principes.

M. Desforêts réprima une forte envie de rire à ces mots, et lui dit : — Ma chère dame, vous n'avez pas besoin de principes ici; mon fils en apprendra plus dans vos conversations que dix maîtres avec leurs grammaires. Vous ferez ce que vous pourrez : vous avez beaucoup de complaisance, c'est l'essentiel; il a de l'intelligence, il est jeune, et il faudrait qu'il fût bien épais de toutes façons, qu'il fût bien lourd, si... vous ne veniez pas à bout d'en faire quelque chose..... Adieu, je vous laisse ensemble; donnez-lui la première leçon.

Là-dessus M. Desforêts prend son chapeau, se lève, et entraîne de la main la Hollandaise qui le reconduit.

Quand ils furent dans le couloir qui menait à la porte de la rue, M. Desforêts lui dit à voix basse : — Vous êtes donc bien godiche, Catharina, de n'avoir pas compris que je prenais ce prétexte en parlant de montrer le hollandais? Écoutez, il s'agit de me rendre un service signalé, un service de la plus haute importance; ce n'est pas d'apprendre le hollandais à mon fils, simple que vous êtes, qu'il est question, c'est d'en faire un homme, de le former... Ne vous avais-je pas proposé de le prendre en mon lieu et place?... je vous cède à lui, ou je vous le cède enfin... est-ce clair?

— Ah! j'y suis, répondit-elle, à présent.

— C'est bien heureux, repartit l'épicier, et j'admire la vivacité de votre conception!

Et puis elle resta un moment muette.

— Quoi, il est vrai! vous me le cédez? s'écria-t-elle à la grande surprise de M. Desforêts, car elle ne s'écriait jamais en rien..... Si votre fils m'aimait... mais non... je tiens à vous... je vous suis attachée et je ne peux consentir... — Allez donc! complimens, comédie, fariboles de sentimens que cela! vous êtes comme presque toutes nos Françaises quoique Hollandaise; vous faites semblant de tenir à des considérations opposées à ce qui vous plaît le mieux. Pensez-vous que je sois dupe de ce langage, et qu'une femme n'aime pas mieux le fils de dix-huit ans que le père qui en a cinquante-neuf? Allez, allez! ce n'est pas à moi, commerçant et ami de votre ami Croker, l'épicier hollandais, qu'il faut parler ainsi. Encore une fois, je renonce à vous pour mon fils, et je vous donnerai moitié en sus de ce que je vous donne. De plus, si vous réussissez à lui faire oublier toute autre femme, je vous fais cadeau, par contrat, de cette maison-ci.

A ces mots la belle cuisinière, intéressée comme tout honnête Hollandais et toute sage Hollandaise, mit de côté tout semblant d'indécision avec empressement. D'ailleurs une certaine jalousie s'était emparée d'elle, et l'idée de lutter contre une rivale, jointe à celle de posséder une

maison et un jeune homme, la rendit docile comme un mouton aux
volontés de M. Desforêts, auquel
elle ne résistait que par décorum.—
Je vous réponds, dit-elle, de faire
tout ce qui est en mon pouvoir pour
vous rendre le service que vous me
demandez, mais je ne réponds pas
du succès.

Eh bien, moi, je n'en doute pas :
pourriez-vous échouer, belle et fraîche comme vous êtes! Non, ce n'est
pas possible, car vous êtes un des
morceaux les plus friands que je
connaisse. Lorsque j'étais à l'âge de
mon fils, si j'avais trouvé une femme
comme vous, je me serais jeté à corps
perdu dans ses bras, j'en aurais fait
mes délices, mes choux gras; vous
eussiez été pour moi le meilleur ra-

goût!... Je me souviens encore combien je fus plein de feu pour mon
institutrice, qui, par un bon motif de
morale et pour prévenir l'irruption
malfaisante des passions brutales,
m'initia aux mystères du plaisir.
Aussi réussit-elle bien à préserver
ma sagesse, cette brave femme! et je
lui ai voué pour cela une reconnaissance qui ne finira qu'avec sa vie,
car elle a quatre-vingt-quatre ans et
je lui fais une pension alimentaire.
Depuis ces précieuses leçons, j'ai
évité tous les penchans, toutes les
passions; je n'ai jamais eu d'enthousiasme pour aucune femme, quoique
j'en aie possédé un certain nombre;
mais je les ai possédées, là, raisonna-
blement, en homme qui sait ce qu'il
fait et qui ne donne pas dans les

chimères... Ah ça, en voilà assez; je me laisse trop aller au bavardage; il s'impatiente là haut peut-être, adieu.. Ah! un petit moment... Tâchez, Catharina, si vous venez à bout dé votre affaire, de me le façonner, là, à la hollandaise. Vous avez assez de flegme et des appas en abondance; il est mince, vous êtes énorme; faites-moi de lui, un bon Hollandais; donnez-lui toujours la froideur de caractère, si vous ne pouvez lui donner l'embonpoint; la graisse viendra par la suite. Adieu, adieu; retournez vite à votre tâche; soyez la maîtresse de mon fils, en un mot; c'est le plus ardent de mes vœux.

Et M. Desforêts lui ayant ainsi fait la leçon disparut comme un éclair.

La Hollandaise se hâta d'aller retrouver son nouvel écolier.

— Mónsieur, lui dit-elle avec un empressement, une vivacité qu'elle n'avait pas encore montrés, nous allons d'abord, si vous voulez, prendre un de ces légers repas qui sont si en usage dans mon pays. Vous vous êtes peut-être impatienté?...

Il est clair que c'était la difficulté de parler en français qui lui faisait intervertir ainsi l'ordre des idées et mettre la question après la proposition.

— On s'impatiente toujours en attendant une belle dame comme vous, répond le jeune homme, que les promesses de son père avait mis en bonne humeur, parce qu'il ne savait pas combien elles avaient été faites d'une manière normande.

— Oh! l'on voit bien, reprend la Hollandaise, que vous êtes né Français et élevé au bon ton, tant vous êtes galant! mais il serait à désirer que votre pensée fût la même.

Et l'officieuse beauté fit servir du thé et des tartines, consistant en tranches de pain de gruau et de seigle, entre lesquelles était une couche de beurre et des lames de pain d'orge, enfermant des tranches de veau rôti. Casimir se trouva avoir en effet assez d'appétit encore pour manger ces tartines. Pendant ce temps la Hollandaise lui faisait les yeux doux tant qu'elle pouvait.

— C'est donc, lui dit le jeune homme, un usage général de votre pays que ces petits repas?

— Oh ! oui, répondit-elle; on y

fait, au moins dans les bonnes maisons, dix collations par jour comme celle-ci. Toutes les familles honnêtes d'Amsterdam, de La Haie, de Rotterdam, d'Harlem et de toute la Hollande se croiraient déshonorées si elles manquaient à cette coutume. — Comment! madame, on fait dix menus repas comme celui-ci en un jour dans la patrie de Civilis? cela ne se peut pas. — Oh! que vous êtes savant, monsieur Casimir! mais qui peut mieux savoir que moi, cuisi... combien on fait de repas en Hollande? oui, dix menus repas de récréation, sans compter les trois gros de nécessité... pour se soutenir, le déjeuner, le dîner et le souper, où l'on est abondamment servi, et où l'on mange à chacun autant qu'à quatre repas de

France ensemble. — Ah! grand Dieu! c'est donc un pays d'ogres et de Gargantuas que celui-là, où l'on ne fait que manger et boire?—Oh! non pas! on n'y est occupé que d'affaires du matin au soir.—Alors elles sont donc bien souvent interrompues, si l'on se met si souvent à table?—C'est pour les égayer, pour les rendre attrayantes. — Ah! oui, j'ai entendu dire que la vie des Hollandais se partageait entre le thé et les tartines, la pipe, le vin de Bordeaux, les tripotages de bourse, les expéditions de marchandises et les chargemens de navires. — Ah! monsieur Casimir, vous oubliez encore une chose.—Laquelle donc? — Quoi! vous ne devinez pas?—Ma foi, non, dites-la. — C'est... la conversation des dames.

—Ah! je croyais que les Hollandais étaient tout-à-fait froids et n'aimaient point les femmes. — C'est une erreur, mon jeune monsieur; ils sont tendres et sensibles. — Ah! ah! ah! ah! je ne puis m'empêcher de rire! pour le coup, en voilà une bonne! Tout le monde m'a assuré et j'ai lu dans tous les voyageurs que rien n'était plus flegmatique et moins passionné qu'eux; qu'ils n'étaient jamais amoureux, qu'ils n'aimaient point le plaisir enfin. — Oh! détrompez-vous, monsieur Casimir. Est-ce qu'il faut s'en rapporter à tous les ont dit et à ce qu'on trouve dans les livres? Les Hollandais, au contraire, aiment les femmes comme les Français, et peut-être beaucoup mieux. Il est vrai qu'ils ne se repaissent point de chimères et ne donnent point aux folies de l'imagination; ils ont une manière d'aimer solide et raisonnable; tout ce qu'il y a, c'est qu'il leur faut des valeurs et du comptant en amour comme en affaires; ils y mettent même des fonds, car ils spéculent sur tout, sans quoi ils se rebutent tout de suite.

— Ah! c'est singulier! Mais d'ailleurs je suis peu propre à juger de ce qu'il y a de vrai dans ce qu'on dit ici de leur caractère et de leurs mœurs; mais les Hollandaises! au moins vous conviendrez qu'elles sont bien loin d'être aussi aimantes que les Françaises; il n'y a qu'une voix en Europe pour cela. — Bon Dieu! mon jeune monsieur, quelle fausseté! Mais les Hollandaises sont bien plus aimantes et amoureuses que vos Françaises, et quand elles s'attachent elles sont bien plus constantes.—Vraiment! Je ne l'aurais jamais cru. — Oui, monsieur, quand elles ont donné leur cœur, leur parole seulement, elles ne se rétractent plus. — C'est..... certainement très-beau, mais en revanche elles ont moins de délicatesse et d'élégance dans leur manière d'aimer. — Que c'est donc faux encore! On voit bien que vous ne les connaissez pas. Si vous veniez à en aimer une et à en être aimé, vous changeriez bien d'opinion. — Oh! je n'en ai pas d'envie, je vous jure. — Mais, bon Dieu! M. Casimir, ce n'est guère galant, ce que vous me dites là, pour un jeune Français fils d'un des grands épiciers de France. — Mon Dieu! pardon; je ne disais pas cela..... pour les Hollandaises. —

Oh! l'on voit que monsieur a le cœur pris. — A peu près; d'ailleurs mon père vous l'a fait assez entendre. —Et sans doute vous êtes aimé? car à votre âge, et joli cavalier comme vous êtes, vous avez dû plaire..... — Je crois que je suis aimé en effet; cependant je n'ai point fait d'aveu; je n'aurais jamais osé, je suis si jeune! — De sorte que vous ne vous êtes point déclaré, qu'on ne vous a rien promis, et que vous ne vous entendez point encore tous les deux? — Sans doute, et cela ne présente d'espérance que dans un avenir bien long. Mon père, il est vrai, vient de fortifier cette espérance moyennant que j'apprendrais le hollandais; mais il ne voudra pas me marier avant quatre ou cinq ans au plus tôt. — Et c'est terriblement long, cela, n'est-ce pas, mon jeune monsieur..... Casimir ? — Oh! oui, dix fois trop long. — Cet amour là ne vous promet le bonheur qu'à une époque bien reculée.

Ah ! bien malheureusement ! répondit Ferdinand avec un soupir très-profond. — Et que vous promettez-vous de cet amour si loin à l'horizon, comme on dit chez nous, monsieur Casimir? Quelle idée vous êtes-vous faite du bonheur dont vous jouirez lorsque, par la suite, vous aurez obtenu celle que vous aimez? — Je n'en sais rien en vérité... Mais, que me demandez-vous? N'est-ce pas le bonheur suprême que de causer tant qu'on veut avec celle qu'on adore, de le lui dire mille fois par jour, de voir ses beaux yeux, d'entendre sa voix douce vous rendre sentiment pour sentiment? Je ne conçois pas d'autre chose que cela. Quel bonheur j'éprouverais dans une union où la vertu et l'amour seraient de concert pour charmer mon existence! Quelles jouissances je me promets de ces effusions du cœur! Avec les rapports qui existent entre nos âmes, comme nous nous tiendrions elle et moi des discours sublimes et des propos touchans! Celle que j'aime a une âme si élevée, si pure, si céleste, un esprit si brillant, des connaissances si variées! Non, il n'y a pas de femme au monde qui lui ressemble, et nous boirions à longs traits dans la coupe des plaisirs intellectuels.

— Qu'est-ce que cela veut dire les plaisirs intellectuels ? demanda l'ex-cuisinière néderlandaise. — Ce sont, ma chère dame, de ces plaisirs qui consistent dans une harmonie d'idées élevées, d'idées en-dehors du monde matériel et qui vous rapprochent de la perfection et du Grand-Être ; ce sont de ces plaisirs que l'on ressent lorsque l'on a l'âme exaltée par la contemplation du beau moral et de tout ce qui tient à l'esprit. Est-ce que vous ne les avez jamais goûtés ces plaisirs là ? — Oh ! mon Dieu, non ! J'ai goûté bien des fois... pourtant pour savoir...... mais nous ne connaissons point les plaisirs des idées en Hollande. — Ah ! je vous plains ! il n'y en a pas d'aussi sublimes dans la vie. — Et vous n'en

connaissez pas d'autres? — Non, madame. Eh quoi! ceux là seuls ne
sont-ils pas assez grands? — Oh!....
sans doute!.... de sorte que vous seriez très-heureux de pouvoir causer
d'une manière..... intel..... intellectuelle avec celle que vous aimez? —
Ce serait le comble de la félicité pour
moi! — Vous passeriez donc des
journées entières rien qu'à vous communiquer des idées morales? —
Sans doute; ce serait la plus grande
des jouissances de la terre pour moi.
— Ainsi, mon jeune monsieur, c'est
certain, vous ne connaissez pas d'autre manière de témoigner votre
amour à une femme que de causer
avec elle de choses sublimes, de
faire tous les deux de beaux discours
d'intellectuel, d'avoir des entretiens

de morale, de science? — Mais non;
je ne conçois pas qu'il soit nécessaire
d'en agir autrement..... Il y a aussi
les jouissances des sens, à ce que j'ai
appris; mais elles ne font pas partie
de l'amour pur, et une âme bien pas-
sionnée et bien délicate ne doit les
considérer que comme des accessoires très-éloignés.

— Ah! des accessoires, vous dites?
Eh bien! en Hollande, on fait plus
de cas de ces accessoires-là que de
tout le reste. Les femmes mêmes,
chez nous, aiment les sens autant
que l'âme et pourtant sont très-sen-
sibles. — Ah! il n'en est pas une dans
toute votre Hollande qui puisse être
comparée à celle..... que j'aime. —
C'est donc une femme bien parfaite?
— Oh! oui, elle est parfaite! et elle

a une âme et un esprit admirables.
— Mais sa personne répond-elle à
son âme? est-elle belle? — Ce n'est
pas un chef-d'œuvre, une Vénus si
vous voulez. Elle a un genre de beauté céleste et délicat qui pénètre au
fond du cœur. — Elle ne me ressemble pas du tout, n'est-il pas vrai?
— Eh, non! Elle a une beauté, des
formes, une taille tout-à-fait différentes. Cependant, j'avoue que les
vôtres ont leur prix, et je n'ai jamais
vu aucune femme qui, avec de l'embonpoint, eût autant de grâces que
vous. — Vous êtes très-galant, encore une fois, monsieur Casimir.
Ainsi, vous seriez au comble de vos
vœux si vous obteniez cette personne?
— Oui! oui! s'écria Casimir avec

une ingénuité d'enthousiasme pleine
d'expression.

La Hollandaise, un peu contrariée,
quoique sa physionomie contenue
n'en exprimât rien, se mit à réfléchir,
et resta ainsi quelques momens. Elle
rompit enfin le silence, et dit gravement au jeune homme :

— Monsieur Casimir, je vous promets de faire tout ce que je pourrai
pour vous faire réussir dans vos
amours, et d'employer tout mon
crédit pour cela auprès de monsieur
votre père : vous m'intéressez beaucoup.

Casimir ressentit une grande joie
de cette obligeance, à laquelle il ajou-
tait foi en jeune homme de dix-huit
ans. Les lecteurs croient peut-être
déjà que la Hollandaise a manqué

son coup; mais voyons si une cuisinière du Zeuderzi ne sera pas aussi
adroite que la Française la plus ex-
perte du département de la Seine.

Casimir donc la remercia avec cha-
leur.

— Mais, répond-elle, je demande
votre amitié pour récompense. —
Oh! vous l'avez toute entière mon
amitié dès ce moment. Oui, vous êtes
mon amie, vous le serez encore plus
un jour, et vous le serez toute la vie.
Que je vous aime déjà! que vous êtes
aimable! et si j'osais..... — Eh bien!
que voulez-vous dire? — Je vous
embrasserais. — Ah! ah! de bien
bon cœur, répond la Hollandaise
enchantée, mais tranquille en dé-
monstration, tant que vous voudrez,
monsieur Casimir.

Aussitôt dit et permis, elle se penche, et le bon Casimir la prend par une main, et l'embrasse une fois sur chaque joue; elle lui rend embrassade pour embrassade, et l'encourage par un mouvement des mains à recommencer, ce que Casimir se hasarde à faire jusqu'à sept ou huit fois. Il éprouve une sensation si agréable en appliquant ses lèvres d'un rouge de cerise, sur les grosses joues satinées, potelées, fraiches et vermeilles de sa nouvelle amie de deux minutes, qu'il va peut-être continuer une trentaine de fois, si sa Hollandaise ne se levait, et ne lui disait : — Monsieur Casimir, allons faire un tour en bas.

Elle le conduit aussitôt dans un endroit assez vaste, pour qu'on n'en voie pas les limites, et qui présente un aspect, tel qu'on ne pourrait pas dire de quel genre il est, mais qui paraît être la réunion d'une douzaine de petits jardins, partagés par une quarantaine de petits canaux, donnant les uns dans les autres. Des ponts chinois et hollandais élégamment cintrés, bien peints, et même dorés, établissent la communication d'un jardin à l'autre. Chacun de ces petits jardins est cultivé avec un soin qui ferait honte à nos meilleurs jardiniers fleuristes. Les uns ne présentent à la vue que des plantes et des fleurs de luxe, parmi lesquelles se font remarquer grand nombre de tulipes, de jacinthes, de roses tremières, de tournesols et autres d'un vif éclat, entremêlées de petits bâtons peints, et surmontés de poinçons dorés avec soin, qui servent à augmenter le brillant de ces fleurs, comme si on avait craint qu'elles n'en eussent pas assez par elles-mêmes.

D'autres jardinets ne sont plantés que de pommes-de-terre à tiges bien touffues et bien entretenues, d'autres ne se composent seulement que de berceaux de haricots, mais d'une hauteur telle, qu'on n'en voit point de pareils, dans les plus belles plantations de haricots de notre belle France, ni dans les environs de Soissons, si fertiles en beaux haricots. Des haies de rosiers, et de roses blanches, jaunes, rouges et noires, d'œillets de toutes couleurs, de giroflées, de géraniums, de chèvre-

feuille, de jasmins et de lilas, entourent ces bocages, enfermés dans
les petits canaux, où une eau dor-
mante, quoiqu'assez claire, séjourne
prisonnière, et semble désirer un
bateau, pour se mettre en mouvement, comme de jeunes Hollandaises
rebondies et flegmatiques attendent
un jeune Français pour faire l'amour.

Il y a aussi de grands arbres au
milieu et autour de tout cela. Ce
sont des tilleuls et des hêtres, mais
qui offrent une bisarrerie étonnante
aux yeux d'un Français qui n'aurait
jamais vu la Hollande, c'est qu'ils
sont peints depuis la naissance du
branchage jusqu'à terre, les uns en
rouge, les autres en bleu, les autres
en blanc, trois couleurs qui sont
communes aux Hollandais et aux

Français de l'empire et de la révolution.

Casimir exprima sa grande surprise de cette singularité. Il avait lu grand nombre de voyages, et il n'y avait pas vu qu'aucun peuple, ni sauvage, ni policé, se fût avisé de peindre les arbres et de croire que le vernis donné à leur écorce par la nature, ne fût pas aussi beau que celui donné par le pinceau d'un barbouilleur. La Hollandaise lui assura que cette invention prouvait un génie supérieur dans ses compatriotes. — Il n'y a pas au monde, lui dit-elle, d'hommes comme eux, pour emprisonner la mer, contrarier la température et violenter la végétation. Trouvez-moi un peuple qui, comme celui-là, demeure à quarante pieds au-dessous du niveau de l'Océan, mange du muscat de son cru au mois de mars, et fasse des tulipes négresses.

Le jeune Casimir qui ne savait point cela, et qui se sentait entraîné vers la belle patriote néderlandaise, convint que les Hollandais étaient les plus singuliers de tous les hommes, et la première de toutes les nations.

— Et les plus affectionnés pour les femmes, ajouta sa belle hôtesse, en lui donnant un regard tendre, sans être vif, mais qui n'en faisait pas moins d'effet.

— Mais quelle nécessité d'avoir pratiqué ici tant de petits canaux, s'écria Casimir, à quoi servent-ils? Une pièce d'eau au milieu de toute cette plantation eût suffi.

— Mon cher monsieur, répondit la Hollandaise qui commençait déjà la cajolerie en expression, les pièces d'eau ne sont bonnes que pour des Anglais ou des Français; mais les canaux sont plus chers aux yeux de tout ce qui porte un cœur hollandais. Pour nous autres, point de beaux lieux de plaisance sans canaux; nous demeurerions sur des montagnes à cascades ou dans des îles au milieu d'un fleuve, qu'il nous faudrait des canaux; nous aimons la vue de l'eau pardessus tout.

— Je crois, reprit Casimir, qu'il y a simpathie entre vous et cet élément. — C'est très-vrai; aussi nous sommes bien plus blancs, bien plus gros, bien plus frais que les autres à cause de cela.

Et elle lui lança une œillade, quelque peu sentimentale, en lui disant ces mots. Casimir pensa qu'elle prouvait merveilleusement par sa personne, que ce qu'elle disait n'était point un paradoxe, et cette fraîcheur de teint, cet embonpoint ravissant, cette blancheur de peau lui causaient je ne sais quelles sensations qui n'étaient point intellectuelles, et qui commençaient à lui faire oublier la fille du professeur.

— Au moins, dit-il à cette vénus des canaux, si cette eau était courante, si elle était un peu vive, si on l'entendait murmurer seulement, elle aurait un aspect plus poétique, et ce serait quelque chose.

— Mon cher ami, répond-elle en hasardant un peu plus de familiarité qu'auparavant, nous ne l'aimerions pas autant nous autres, parce qu'elle paraîtrait signifier qu'elle est fugitive, inconstante et tumultueuse, trois choses que nous avons en aversion dans nos jouissances et dans nos sentimens; l'eau, voyez-vous, c'est pour nous l'em.... l'em...., comment appelez-vous cela? — Un emblême, vous voulez peut-être dire. — Oui, justement, l'emblême du plaisir. — Oh! voilà un singulier emblême, si encore c'était l'eau de la mer, je le concevrais, car Vénus en est sortie. — Non, non, ce n'est pas l'eau salée qui est emblême, c'est l'eau... l'eau, comment dit-on? — L'eau douce, sans doute. — Ah! oui, l'eau douce. — Les Hollandais ont donc une mythologie à eux? — Mais, l'eau douce en repos, mon cher, voyez-vous. — Quoi! l'eau qui ruissèle et qui murmure ne vous paraît pas plus gracieuse? C'est bien singulier! — Non, je vous le répète, nous n'aimons pas ce qui est agité et qui passe; nous n'aimons le plaisir que quand il est tranquille. — De sorte, que vous ignorez les orages des passions et du cœur. — Ah! point d'orages, Dieu nous garde des orages et de tout ce qui est violent, nous secoue ou nous épouvante. Eh! mon Dieu, mon cher! Est-ce qu'on n'est pas plus heureux de jouir tranquillement que d'être tourmenté? L'amour, par exemple, ne vaut-il pas mieux quand on le goûte sans inquiétude et sans trouble?—Mais..., je ne sais pas..., sinon que celui que j'ai me tourmente déjà beaucoup et m'a fait passer de bien mauvaises nuits. — Ah! fi, fi! mon cher, je vous plains bien; mais, encore une fois, je veux vous rendre heureux et vous faire obtenir votre maîtresse. — Ah! que je vous aimerai!... que d'obligations!... — Ne vous ai-je pas dit que je voulais être votre amie? Dès à présent, je la suis, je le suis : comment faut-il dire des deux? — Je la suis, c'est bien cela : que vous êtes charmante! que je vous embrasse encore, tant vous me faites de plaisir!

Et il se mit à embrasser de nouveau l'appétissante Hollandaise, qui

le lui rendit à gros intérêts, et ils recommencèrent *de motu proprio*, et
cette reprise d'embrassades fut in-
comparablement plus longue que la
première fois. Par hasard, ils se pro-
menaient en ce moment dans des
allées étroites formées par des berceaux de haricots d'Hollande qui s'é-
levaient en voûtes sur leurs têtes.
C'était peut-être la première fois,
depuis les promenades et les embrassades d'Adam et d'Ève dans
l'Éden, que pareilles promenades et
embrassades avaient lieu sous les
ombrages de cette plante légumi-
neuse. Casimir se sentit ému à un
point tel qu'il n'avait encore jamais
été tel, qu'il ne l'était pas auprès
même de la spirituelle et intéressante
Argénie, et cependant son cœur ne

battait point auprès de la Hollandaise comme de la fille du professeur. Ici c'étaient des émotions vives, physiques, dégagées d'inquiétude et de sentiment, et qui valaient déjà pour lui des jouissances.

Cependant ils continuent à se promener et traversent au moins une quinzaine de petits ponts charmans, la Hollandaise marchant la première comme pour conduire. Casimir remarque, de temps à autre, des figures d'hommes et d'animaux qu'à la première vue il prend pour réels, tant on a su leur donner de vérité dans les apparences ; celles représentant des hommes sont habillées de vrais habits. Casimir témoigne encore sa surprise à l'aspect de ces objets : il n'avait rien vu de pareil. En France, on ne s'avise jamais d'habiller réellement les figures des jardins : personne, dans cet heureux pays, ne prodigue ainsi les étoffes ; on a bien de la peine à y habiller tout le monde vivant.

— C'est bien singulier ! s'écria le jeune homme, quoi ! est-ce encore là un usage de votre pays ? — Oui, mon cher ; les jardins chez nous sont remplis de pareilles figures. — Mais vous feriez mieux, vous autres Hollandais, d'habiller les pauvres. — Oh ! les pauvres chez nous sont bien habillés ; on n'y voit personne en guenilles comme chez vous. — Alors les Français sont conséquens, je conçois ; et, puisqu'ils laissent leurs pauvres aller nus, ils font bien de ne pas habiller leurs statues.

Tout en causant ainsi, la Hollandaise le mène insensiblement dans une petite chaumière qui occupe un petit îlot. A peine entré, que voit Casimir? deux personnes assises sur un sopha, un jeune homme gros et gras et une jeune dame encore plus grasse se tenant embrassés avec une attention et une affection toute particulière. Casimir est bien étonné de voir qu'ils ne se dérangent pas en sa présence et celle de son hôtesse. Mais nouvelle singularité! ce sont encore deux figures! on s'y méprendrait au premier moment, tant il y a de vérité imitative dans cette représentation.

— Asseyons-nous ici, dit la Hollandaise d'un ton caressant, et montrant un sopha qui est dans la pièce

en face de ce couple heureux figuré :
— N'est-il pas vrai, continue-t-elle,
mon cher Casimir, que cette curiosité
est bien jolie?

— Mais oui, répond le cher Casimir d'un ton distrait; on croirait ces
deux personnes vivantes, si elles n'é-
taient pas immobiles.

— Oh! mon Dieu! repart la Hollandaise, qu'à cela ne tienne! ils ne le
seront pas long-temps, vous allez le
voir. Elle se lève aussitôt et met le
pied sur un des panneaux du par-
quet, et voilà au même instant ces
deux personnages de se mouvoir et de
s'embrasser réellement sur chaque
joue, mais avec une symétrie, une
gravité sans pareilles; ensuite la Hollandaise met le pied sur un autre pan-
neau, et les voilà de s'embrasser avec

vitesse. Le jeune Casimir est émerveillé et comme étourdi des mouvemens de ces deux automates et des caresses qu'ils se font. La Hollandaise vient s'asseoir à côté de lui pendant que ces deux figures continuent leur manége d'embrassades, dont l'une n'attend pas l'autre. Le jeune homme se sent ici encore plus ému que sous le berceau de haricots ; il est tout-à-fait hors de lui et remué au point de désirer avec véhémence d'imiter les deux mécaniques en embrassant tendrement la grosse et joufflue Hollandaise.

— Ce sont, lui dit-elle, deux amis et non deux amans que vous voyez là. En Hollande, les amis des deux sexes s'embrassent ainsi du meilleur cœur possible. — Quoi! un jeune homme et une demoiselle peuvent ainsi s'embrasser en Hollande sans être même des amans? — Mon Dieu, oui; il suffit qu'ils soient amis. L'amitié permet tout chez nous, et cela n'a aucune suite. — Eh bien! en France, on ne regarde cela comme permis qu'à l'amour. — Parce qu'en France on pratique beaucoup plus l'amour que l'amitié, qui y est presque inconnue, au lieu qu'en Hollande on pratique plus l'amitié que l'amour. — Ah! il faut avouer que l'amitié est charmante dans ce pays là. — Certainement, mon cher ami; elle y est délicieuse.

— Et, reprit Casimir avec une curiosité pleine de feu, deux personnes de sexes différens peuvent ainsi librement se témoigner l'amitié qu'elles ont l'une pour l'autre, et cela sans qu'on y trouve à redire?— Rien n'est plus commun et plus ordinaire; cela se voit même entre maîtres et domestiques, comme, par exemple, un banquier, un grand seigneur avec sa cuisinière, s'il a des motifs d'amitié pour elle, soit pour des petits soins, soit pour des services, mais surtout s'il est content de la cuisine qu'elle lui fait; car, mon bon ami, la cuisine est le chemin du cœur en Hollande comme l'argent; c'est ce qu'on y aime le mieux après ce métal, après le tabac, le thé, la bière et l'amitié. — Vraiment, je n'en reviens pas de surprise! Mais les dames n'embrassent pas ainsi leurs domestiques, sans doute? — Au contraire, il en est beaucoup dans notre pays à qui cela arrive ; on y voit des dames distinguées qui, ayant conçu de l'amitié pour les leurs, les embrassent comme vous voyez là ; et dans la même maison, si monsieur témoigne de cette façon son amitié à sa cuisinière, madame en fait autant à son cocher, et la paix du ménage n'en souffre point.

— Ah ! mon Dieu ! reprit Casimir, vous me dites là des choses bien extraordinaires.... c'est un heureux pays que cette Hollande, je voudrais bien y être né.

— Figurez-vous, répond la Hollandaise languissamment, que vous y êtes en ce moment, car cet endroit-ci y ressemble comme une petite tulipe ressemble à une grande.

Pendant tout ce dialogue, les deux figures étaient toujours en activité d'embrassades, et faisaient même retentir leurs joues des baisers qu'elles se donnaient, ce qui agitait le jeune Casimir de plus en plus.

— En vérité! s'écria-t-il dans un transport électrique, j'aurais un grand plaisir à faire le quatuor avec vous, ma... chère... amie! Vous qui êtes si bonne, qui me montrez tant d'intérêt, qui voulez mon bonheur par la suite, ce serait pour me dédommager en attendant mieux.

Toute Française à qui il aurait fait une proposition dans de pareils termes en eût été choquée au dernier point; mais la Hollandaise, toujours flegmatique, n'en comprit même pas l'offensante naïveté, et lui répondit sans détour et avec une tranquillité mêlée de tendresse: — Tant que vous voudrez , mon cher ami... Et elle lui ouvrit les bras, et s'approcha de lui en même temps qu'il s'approcha d'elle ; et voilà que nos deux amis vivans, se mettent à faire partie carrée avec les deux amis automates.

Ici les documens nous manquent sur ce qui se passa pendant trois heures d'horloge entre la belle cuisinière hollandaise et l'impressionnable fils de l'épicier. Nous ne pouvons retrouver le fil des détails de cette histoire qu'au moment où, vers les six heures du soir, ils retournèrent tous deux dans le même salon où M. Desforêts avait présenté son fils à la Hollandaise. Le jeune homme voulut s'en aller, voyant qu'il avait déjà passé l'heure du dîner à la maison de ses parens. Ce n'est pas qu'il s'ennuyât : au contraire, il avait pris un si grand plaisir à être en conversation avec la Hollandaise qu'il lui avoua n'avoir jamais été si heureux de sa vie, et que, s'il ne tenait qu'à lui, il resterait trois jours de suite avec elle à lui témoigner une amitié dont les élans renaissaient de son côté à chaque instant. Quelle véhémence un sentiment que l'on croit si calme inspire pourtant à un jeune homme de dix-huit ans! Il ne lui parlait plus du tout d'Argénie..., il n'était occupé que d'elle ; enfin c'était un Renaud studieux et sentimental enchaîné par une cuisinière batave, devenue une Armide pour lui.

—Qui vous presse de vous en aller? lui dit-elle avec une langueur attirante et nonchalante; nous dînerons ensemble. — Mais papa, que va-t-il dire? il trouvera que la leçon de hollandais a été beaucoup trop longue. — Point du tout, mon bon ami; je vous assure qu'il en sera si content, au contraire, qu'il vous en félicitera ; mais, pour qu'on ne vous attende point, écrivez un petit billet en mon nom; je vais le signer et je le lui enverrai. — Vous croyez que ce sera suffisant? — J'en suis sûre, bon ami.

Casimir, pour qui le charme augmentait loin de diminuer, et qui, comme un jeune paladin du Tasse ou de l'Arioste, était séduit par une nouvelle magicienne, ne fit aucune difficulté, il signa le billet, la belle Néderlandaise le signa, et un laquais alla de suite le porter.

Voilà donc notre jeune enthousiaste d'instruction de sentiment, d'astronomie, de philosophie et de la spiritualiste Argénie, égaré par une cuisinière d'Amsterdam, dans les sentiers de fleurs du plaisir, et devenu voluptueux presque tout d'un coup. Il est vrai que cette cuisinière là serait un objet d'envie pour beaucoup de dames riches qui échangeraient avec transport leur taille grêle, leur poitrine délicate et leur teint maigre et flétri contre ses larges flancs, sa vaste poitrine, ses bras potelés, sa figure ronde et pleine et sa magnifique carnation. Ce n'était qu'une cuisinière récemment devenue dame, ayant peu d'éducation bourgeoise, mais qui aurait peut-être séduit Platon lui-même, ce grand législateur de l'amour moral, par la seule influence matérielle de ses charmes physiques. Mais, il faut le dire toutefois, elle avait de la dignité dans la pause, de la représentation dans l'extérieur; elle avait du jugement dans la conversation et un peu le ton du monde, quoique sans les grâces délicates de nos femmes de la haute société.

Et au surplus, cette beauté colossale et fraîche dont la colossale Catharina était pourvue si abondamment lui tenait lieu de tous les agrémens factices dus à l'éducation

et à la société, faisait une impression plus forte sur les sens, si elle
n'en faisait pas une aussi vive sur
l'esprit que l'amabilité de ces dames
sévères, distinguées d'une civilisation élégante. Notre Hollandaise, avec
ses volumineux appas, était plus sûre
qu'elles de faire une conquête et de
jouer dans l'occasion le rôle d'une
Circé ou d'une Alcine. Il faut dire
plus, c'était une Cléopâtre batave,
pourvue de trois fois plus d'appas
qu'il n'en fallait pour soumettre des
hommes aussi loin de César et de
Marc-Antoine que l'étaient l'épicier
et son correspondant Croker.

Mais, dira-t-on, comment Casimir
s'est-il laissé séduire par elle, lui jeune
spiritualiste studieux, éclectique, sa-

vant et platonicien? Il suffira, pour s'en rendre raison, de prendre en considération l'électricité nerveuse dont un aussi jeune homme est ordinairement rempli, et toute personne raisonnable conviendra qu'un adepte aussi dépourvu de défense contre la séduction des sens doit y succomber encore plus vite que les hommes à sensations matérielles par nature, ou surannés par l'habitude du plaisir.

Nous craignons que les bornes de cette histoire ne nous permettent plus d'instruire les lecteurs des suites de cette journée si remarquable dans la vie du jeune Casimir, qui a décidé peut-être de son avenir et de son caractère, journée qui l'a initié à une vie et à des jouissances qu'il

ne connaissait point, journée qui a
ébranlé son amour pour l'étude,
pour le spiritualisme, la philosophie,
l'astronomie, et celui pour la fille
du professeur. Tout ce que nous
avons lu de cette liaison, formée
par les soins d'un père intéressé et
prévoyant, c'est que son fils ne ren-
tra chez lui qu'à onze heures du
soir, sans qu'on l'eût attendu, et fut
tout étonné qu'on n'eût pas fait d'attention à son absence, contraire-
ment à ce que l'on faisait auparavant. Il sentit bien que c'était son
tendre père qui ce jour-là avait fermé
les yeux à tout le monde sur son
compte, comme il avait fermé les
siens lui-même; et quand il revit le
lendemain le respectable père à qui
il devait la possession d'une belle

femme, celui-ci ne lui fit aucun reproche comme il l'avait craint d'abord de ce que la leçon de langue avait été si longue.

FIN DU TOME TROISIÈME.

Sous Presse

DU MÊME AUTEUR.

LES

DEUX RENÉGATS.